THE JAPANESE ASSOCIATION FOR THE STUDY ON ISSUES OF PERSONS WITH DISABILITIES

全障研第57回全国大会
報告集

みんなのねがい1月臨時増刊号

JN112785

2023年8月5日(土)〜6日(日)
オンライン2023

開会全体会　オンライン開催
分　科　会　オンライン開催
フォーラム　オンライン開催
学習講座　オンデマンド配信

全国障害者問題研究会

第57回全国大会　報告集　CONTENTS

つながる、つなぐ私たちのねがい
出会いと学びに満ちた大会に

全国障害者問題研究会　全国委員長　**越野和之**

　全国障害者問題研究会第57回全国大会にご参加いただいたみなさん、会を代表して、心より歓迎のごあいさつを申し上げます。

　今年の全国大会は、開催地を設けず、完全オンラインというかたちをとります。2020年からの新型感染症の蔓延は3年以上の長期にわたり、その間、私たちの研究運動の大切な節目であるこの全国大会も、その持ち方について試行錯誤を重ねてきました。私たちのなかまには、そのいのちと健康を守る上でとりわけ細心の注意と配慮を必要とする人たちがあり、またそうした人たちの身近で生活する家族や教職員がいます。そのことに十分に意を用いながら、出会い、集い、語り合う研究会のあり方を創り出すのは並大抵のことではありません。感染症などへの必要な対応を含む、新しい大会のあり方を練り上げながら、対面での研究会を企画・準備する、そのために必要な時間をかけることと、その間、かけがえのない研究運動の結節点をしっかり継続していくこと、この二つの課題を並行して追求するために、今年度の大会は完全オンライン開催、という形態をとることにいたしました。

　「開催地を設けない」としましたが、実際には、常任全国委員会および全国事務局に加え、関東および甲信越の10支部の会員が集って、11回にわたる大会準備委員会を開催し、開会全体会をはじめ、19の分科会、4つのフォーラム、4つの学習講座と、多彩な内容を企画し、準備してきました。対面開催の場合とは異なる、変則的な日程になっていますが、どの内容も、障害のある人たちの人間的な発達をゆたかに実現し、その権利を保障していくための、実践と運動の貴重な経験を語り、学ぶものになっています。本大会の企画・準備にあたっていただいたすべてのみなさまに心よりお礼を申し上げます。とはいえ、これらのさまざまな企画を本当に実りゆたかなものにし、そこでの学びから、それぞれの地域や職場での具体的な課題をつかんで、明日からのとりくみに生かしていくことができるかどうかは、参加されたお一人お一人の力にかかっています。このことを申し上げて、みなさんの力で、この大会を成功させていただくことをお願いいたします。

　昨年9月の国連・障害者権利委員会による総括所見は、この国に暮らす障害のある人たちの人間的諸権利の実現にむけて、「障害」という事象の認識のしかたや、権利保障の基本的な考え方から始まって、暮らし、教育、労働、政策決定への参加など、実に多面的な課題が残されていること、それらに対する政府のとりくみがはなはだ不十分なものであることを指摘しました。国連によるこの指摘を深く学び、総括所見を、障害のある人たちの権利を保障する方向で生かしていくうえでも、私たちの研究運動が果たすべき役割は大きいものがあります。私たち一人一人が、お互いの力を尽くして、本大会を成功させ、障害のある人の権利保障、発達保障を進めましょう。たくさんの出会いと学びに満ちた大会になることを確信しています。

平和をねがい、運動の力を広げる

障害者の生活と権利を守る全国連絡協議会　会長　**新井たかね**

　全国障害者問題研究会全国大会が57回を重ねて開催されますことに、心からの敬意と感謝を申し上げます。障害者の生活と権利を守る全国連絡協議会を代表いたしまして、連帯のご挨拶をさせていただきます。

　今回も、全国から一同に集まっての大会開催が叶わなかったことは残念ですが、大会テーマの「つながる　つなぐ」に込められた思いが、とても暖かく胸に響きます。私たちは、コロナ禍のなかで新たな「つながり」を培ってきたんだと、そんな思いも持たせていただきました。日常の実践を学びあい、おおいに議論を深め、明日につながる豊かな大会となりますよう願っております。

　ロシアのウクライナへの侵略戦争は2年目となり、収束の道が一向に見えないなか、広島で行われたG7での日本の役割は、本来、平和外交へのイニシアチブをとるべき立場であるはずが、平和を願う世界の人々を落胆させる結果となりました。軍事費の倍増、軍需産業支援法、殺傷能力のある兵器の輸出解禁など、私たちの国の憲法は、憲法9条は、どこへいってしまうのか危機を感じずにはおれません。障害者は、殊に平和でなければ生きられません。今こそ、希望を語り、夢を語り、未来を語り、平和を語りあっていきましょう。

　昨年、国連障害者権利委員会から、日本政府に対し総括所見が出されました。私たちが長年の運動で改善を求め続けてきた、いくつもの課題が勧告として取り上げられました。その意義は大きく、今後の運動への力にしていく必要があると思います。その上で、日本の障害者運動が総力を挙げて作り上げてきた国約でもある「基本合意文書」と「骨格提言」、そして国連への「パラレルレポート」を、総括所見とあわせ、改めて実態と願いを大切にしながら、理解と共同を深め、手をつなぐ輪を大きく拡げていきたいと切実に願うところです。

　私たちの加盟組織の一つに「全国障害児者の暮らしの場を考える会」があります。この間、総括所見の学習・意見交換を重ね、19条に関係して「障害のある人たちのこれからの地域生活の歩みをつくっていくために」として見解をまとめました。人権保障の原点でもある「暮らしの場」が、障害のあるすべての人にしっかりと保障されるよう運動を進めたいと考えています。今大会の分科会でも議論を深めていただきますようお願いいたします。

　最後に、先に行われた国会での、人権が厳しく問われるべき「出入国管理法」「LGBT理解増進法」等についてですが、世界から大きく後れを取ることが指摘されながら、これまでより、さらに人権を脅かす内容の法律を、数の力で押し切って成立させてしまいました。その中にあって、民主主義と人権を瞳のように大切に考える、当事者以外の大勢の方々が、我がこととして国会に駆けつけ、様々な場所で発言し、行動する姿に接し、希望を見ることもできました。福井の「ハスの実の家」の創始者である青木達夫さんの言葉を、改めて胸に刻みたいと思います。「人はみんな　同じ円周の上に生きている　お前だけ別ではない」

全国障害者問題研究会

第57回全国大会（オンライン）基調報告

常任全国委員会

はじめに

　敗戦後、小学2年生の時に不発弾の爆発で視力と両手を失った藤野高明さん①（84歳）は、障害者・患者9条の会でつぎのように語りました。（以下、①②…の番号は末尾の説明を参照）

　「私は戦後ずっと障害者として生きて働いてきました。私が一人の人間として人権を保障され、働いてくることができたのは、平和が続いていたからです。この平和を本当に支えていたのは日本国憲法の9条、それから13条や25条です」。戦争と深く関連する事故によって障害を負った藤野さんは、その後の人生で徹頭徹尾、平和を追求し、民主教育や障害者の権利保障運動にとりくんできました。

　いま、その平和を根本から脅かす事態が進行しています。ロシアによるウクライナへの戦争や東アジアの緊張情勢を逆手にとって、軍事費を倍増（5年間で43兆円）することを決定し、すでに沖縄や鹿児島などに敵基地攻撃のためのミサイル配備をすすめ、各地の自衛隊司令部を地下に置くなど基地機能強化に着手しています。こうした軍拡の財源として、復興特別所得税の転用まで表明、今後インボイス制度をはじめさまざまなかたちでの増税や国民負担増を目論んでいます。軍備が拡張されるとき、教育や福祉、生活に関わる予算が削られるという、これまでの歴史が証明してきたことが、現在の日本で起きています。

　新型コロナウイルス感染症は2023年5月から感染症法上の分類が変更され、自己責任を前提に規制はほぼなくなりました。コロナ感染に対応した特別の施策は徐々に縮小されています。しかし、学校や施設を中心に集団感染が報じられています。コロナ罹患者の33％の人が苦しんでいる後遺症、障害者、高齢者などリスクの高い人への対応など、課題は山積しているにもかかわらず、国の責任ある政策は見えません。

　子どもをめぐる政策では、4月からこども基本法が施行され、「こどもまんなか社会」を掲げるこども家庭庁が動きだしました。そして軍拡予算を覆い隠すかのように、「経済財政運営と改革の基本方針」（骨太の方針2023）でも「異次元の少子化対策」が喧伝されています。しかし掲げられた政策は児童手当の所得制限撤廃や増額など現金給付に偏重しており、子どもが自分らしく生きる基盤的条件の整備、すなわち保育所の職員配置の改善は「検討する」に終始しています。表明された現金給付政策も財源は先送りで、国民の負担増が検討されています。

　2022年9月に国連・障害者権利委員会は、日本政府の第一回締約国報告を審査した「総括所見（勧告）②」を公表しました。その内容は、障害のとらえ方が医学モデルを脱していないことやそこから生じるさまざまな歪み、障害者差別をなくす法整備が不十分であること、さらに大きく立ち後れている精神科医療、優生保護法問題の解決など、いずれも日本の障害者政策の根本を衝くものであり、その改善を強く求めています。根底には、政策決定過程において、「私たち抜きに私たちのことを決めないで」という権利条約の中心的な思想に真摯に向き合ってこなかった日本政府の姿勢へ

の批判があります。いままた政府は、障害者や介護を必要とする高齢者など、社会的に弱い立場に置かれている人たちの意見を聞くことなく、マイナンバーカードと健康保険証の統合を強引に推進しています。これでは国によって社会的弱者をつくり出し、新たな差別を生むことになるのは明らかです。

　全障研は、権利条約第24条（教育）をめぐって、総括所見の内容を適切に受けとめ今後の課題を提起するために全国委員長「談話」を発表し、旺盛な学習と討論をよびかけました。「障害のある子どもの教育改革提言—インクルーシブな学校づくり・地域づくり」（2010年）③が今日的に重要であることもあらためて確認しました。

　総括所見を学び深め合い、国の政策改善にどういかしていくか、連帯した障害者運動が求められます。

　「この子らを世の光に」とした糸賀一雄さんは、「福祉の思想」を磨き、平和への誓いとともに「発達」の概念を深め、一人ひとりの人間とその社会への信頼と希望を、「発達保障」の理念へと発展させました。経済的価値の優先や、競争と自己責任ではなく、一人ひとりのいのちを輝かせるとりくみがますます求められています。激動する世界と日本の情勢のもとで、障害者の権利を守り発達を保障する私たちの研究運動をさらに広げていきましょう。

I　乳幼児期の情勢と課題

（1）徹底して子どもの立場から考える

　私たちは、子ども理解を土台にした実践をすすめることをねがい、日々の生活のなかで、その子は何に魅力を感じているのか、何がやりたいことの制約となっているのかと、保護者と一緒に子どもの姿から発達や障害の意味を考えることを大事にしてきました。ところが、保護者が抱える子育ての悩みを、「困った行動の消去」「○○の力をつける」といった目標に安易におき替え、発達を「できるか−できないか」といった行動面に矮小化して、部分的な機能を「伸ばす」プログラムを「専門性」と称して勧める児童発達支援の事業が目立

ちます。療育は、他の子と比べて足りないところを補ったり、何かの力をつけるためにあるのではありません。安心できる人間関係を土台に「やりたい」という思いを膨らませ、子ども自身が主体的になれるような生活や遊びが大切です。ねがいをていねいにききとり実践を紡ぐこと、子どもらしい生活と遊びの土台となる制度を整えていくことの両方が求められます。

（2）児童発達支援や保育所制度の行方

　制度面では、2023年度中に改正児童福祉法の中の障害児通所支援関連条項の具体化と次期報酬改定の議論が行われます。その内容は3月にまとまった「障害児通所支援に関する検討会報告」にもとづくものになることが見込まれ、児童発達支援センターの機能強化のための職員配置や児童発達支援、放課後等デイサービスの支援内容に対応した報酬が注目されています。検討会では塾や習い事に似た支援への明確な改善を求めていません。また「特定の領域に対する重点的な支援（特定プログラム）」という新たな言葉が書き込まれましたが、支援の内容はあいまいです。児童発達支援などが、子ども施策の中でももっとも市場化の進んだ分野であることが、乳幼児期の支援をよくするための議論を阻んでいると思われます。

　保育所など一般の施設も、障害のある乳幼児にとって重要な役割を果たしていますが、保育所等への規制緩和と営利企業の参入も著しく、その結果、園庭がない、経験を積んだ職員がいないなど貧しい環境の園も目立ちます。保育所が障害児保育や地域の多様な子育てニーズにこたえることを求められても、対応する職員に見合う公費支出はまったく不十分です。にもかかわらず「こども未来戦略方針」では、親の就労要件を問わず時間単位の給付制での「こども誰でも通園制度（仮称）」の創設が検討されています。子どもの生きる権利、育つ権利を切り売りする保育になりかねないこうした動向にたいして、保育関係者と手をつないで運動をしていく必要があります。

（3）保育と療育が手をつないで

こども家庭庁が出発したことは、母子保健、保育所・幼稚園、療育機関が手をつなぎやすい施策を求めていくチャンスだともいえます。

振り返ると、こうした連携は制度ありきではなく、乳幼児健診とその後の早期対応、親子教室、保育の場の拡充と、子どもの発達をねがう保護者や関係者のねばり強い要求運動によって、自治体ごとに整備されてきました。国の制度で保育所での保育士加配や療育機関との並行通園が可能となったのはその後のことです。今日でも、社会資源や母子保健・療育のシステムは、自治体によって異なりますが、それは子どもを中心にそれぞれの機関が連携して障害のある子どもの発達を保障しようと努力してきたことの到達点でもあります。

近年、健診・保育・療育の公的なネットワークに包括されない多様な児童発達支援事業が療育に参入し、保育所・幼稚園と療育が手をつなぎづらい状況があります。保育所等に通いながら送迎付きで事業所に通う子も多いという報告もあります。そうなると、子どもの生活の場がぶつ切れにされ、「〜がしたい」という子どもの気持ちが置き去りにされやすくなります。保育者の側も、児童発達支援のとりくみによって、子どもが変化することを期待する状況に陥ってしまいがちです。

保育所等の実践についても、遊びのなかで思いもしなかったことに笑い合ったり、"もっとやりたい"というねがいを育んだりといった、発達の手応えとは無縁に、「幼児期の終わりまでに育ってほしい姿」や社会が求める価値観・目標が早期から押しつけられ、その結果、子どもや保護者が追い詰められています。

国は「インクルーシブ保育の推進」をうたい、保育所に児童発達支援事業等を併設④した場合に、後者の職員が保育所の子どもの支援を行うことができるよう制度改正を行いました。「障害児の支援に支障がない場合に限り」とはしているものの、それぞれの場の職員配置を手厚くしてほしいという実践現場のねがいに背くものです。保育と療育は、子どもの発達を保障するという点でしっかりと手をつないでいく必要があります。

今大会では、インクルーシブ保育をテーマに、保育所と児童発達支援などの協働についてフォーラムで話し合います。

（4）子どもの生活をバラバラにしてはいけない

2月に開催された「発達保障のための相談活動を広げる学習講演会」では、改正された児童福祉法の下で、療育機関が手をつないで子どもの発達を保障する地域を意識的につくっていこうと400人がオンラインで討論しました。地域でつながりをつくり地道に学び続けてきた取り組み、0、1、2歳の親子療育を経験することで親子が安心して育っていく大切さ、障害の重い子の主体性を育てるていねいな療育など、私たちが積み上げてきたこと、今後めざしたいことを確認し合いました。乳幼児期に関わる保育・療育の関係者が集まり、到達点と課題を確認していく場が今後も求められます。

Ⅱ　学齢期の情勢と課題

（1）子どもの権利保障の場としての学校・放課後等デイサービス等への注目

3年にわたるコロナ禍の中で、学校や放課後等デイサービス、学童保育等が、子どもの権利を全面的に保障する場として注目されました。給食がない、家族以外の信頼できる他者（先生や友だち）に会えない、家から離れることができないといったことが、いかに子どもや保護者を危機に陥らせるかが認識され、「生きる権利・守られる権利は家庭で」という政策の前提が危ういものであるという理解が広がりました。

来年は子どもの権利条約批准30周年です。子どもの権利という言葉に当たり前にふれることが可能だった世代が、子どもにかかわる仕事につき、保護者になる時代です。小森淳子さんは、今を生きる若者が、息の詰まるような環境で、研ぎ澄まされた人権感覚を持っていること、そのことが彼らを深く傷つけている可能性があることを指摘しています（『みんなのねがい』2022年8月号⑤）。

そのしんどさを個人の中に押し込めさせるのではなく、ともに手を取り合いながら、運動を進めていきましょう。

（2）学校で発達保障の実践に取り組むために

　特別支援学校の設置基準が制定されましたが、この基準が既設校には適用されないため、大規模・狭隘（きょうあい）な特別支援学校が多数存在し、条件改善に向けた運動が喫緊の課題になっています（「障害者問題研究」第51巻1号⑥）。
　教員不足は5月で1500人と報道され、学級担任が未定であったり、頻繁に代わったりする学校は少なくありません。教師の待遇を貧しく不安定なものにし、専門性を大事にしてこなかった教育政策のツケが一気に押し寄せています。教員の多忙化を解消するという名目で、行事を縮小する、学級通信を出さないなどが、学校の方針として決められる現実があります。しかし、何が子どもや保護者にとって重要なのかを判断し、決める裁量は、子どもと直接向き合っている教師におかれるべきです。行事の魅力を特集した『みんなのねがい』で、石田誠さんと塩田奈津さんは、行事の中で大人も子どもも集団として育つことを指摘しています（2022年12月号⑦）。
　発達保障のために学校は何を大事にすべきか、今日の学校は、他者とともに豊かに全身で学べる場所になっているのか、子どもの姿と現場の状況に基づいて議論できるような体制が求められます。

（3）子どもの学びの場を機械的に決めないで

　現在の通常学級で、すべての子どもがゆたかに学べているかと問われれば、ノーと言わざるをえません。不登校の子ども、通常学級から特別支援学級へ転籍する子どもの数は増えています。子どもたちの、「この場所ではしんどいねん」という声が聞こえてくるようです。
　特別支援学級在籍の子どもが「大半の時間を通常の学級で学んでいる場合には、原則として週の半分以上を特別支援学級で授業を受けているかを目安として学びの場の変更を検討するべきである」とした、「特別支援学級及び通級による指導の適切な運用について」（文部科学省通知、2022年4月27日）は、現場に大混乱をもたらしました。保護者や子どもたちと学校の丁寧な話し合いの上で、「籍は特別支援学級におき、一定数の授業を通常学級で受ける」ということを選んできた子どもたちが、やむなく通常学級へと転籍する事態が生じています。転籍を強いられた子どもたちに豊かな学びと学校生活が確保されているのか、事実に基づいた検証が必要です。

（4）障害者権利委員会の総括所見をふまえて

　国連・障害者権利委員会からの総括所見（勧告）⑧は、日本政府報告が使用していた特別支援教育（special needs education）の語ではなく、隔離された特殊教育（segregated special education）という語を用いて、それが永続的しかねない状況に懸念を表明し、インクルーシブ教育の権利の承認を求めています。私たちは、先に述べたように、現在の日本の学校教育が、しんどい子ども、障害のある子どもを通常学級から排除するような状況にあることを踏まえて、通常教育関係者とともに教育改革の運動を進めていかなくてはなりません。まず、通常の学級が、スタンダードに合わせられない子どもたちへの支援ができにくく、排除の力が強く働く場である状況を、一刻も早く改めなければなりません。そうした努力抜きに、通常学級しか選べない状況にすることは、子どもの守られる権利・育つ権利の侵害にもなりかねません。一方で、特別支援学校の中にも、未だに「18歳で一般就労できる力」ばかりを一面的に重視するなど半世紀以上も前の「差別としての特殊教育」を想起させる差別的な傾向が残されており、こうした状況を変えていくことも必要です。

　通常の学校も特別支援学校も、子どもの人格を尊重し、全人的な発達を保障する学びの場になっていくことが徹底されなければなりません。そのためにも、子どもたち一人ひとりの発達的要求を丁寧につかむことができる体制が求められます。

　「通常の学級に在籍する障害のある児童生徒への支援の在り方に関する検討会議」報告がなされ、同日通知も発出されました。すでに指摘してきたように、通常の学級も特別支援学校も困難な状況に追い込まれる中で、障害のある子どもたちの発達を保障するものとなりうるのか、教員配置や学校教育などの条件整備、子どもの実態に即して柔軟に運用できる教育課程編成権の確保など多角的な検討が必要です。

（5）ゆたかな生活のための放課後保障

　放課後や休日の生活を支える放課後等デイサービスは、感染症拡大防止・対策と、日額報酬制の矛盾の中で、極めて厳しい状況に立たされています。2021年4月の報酬改定での基本報酬の引き下げ、経験ある職員の配置に対する加算の廃止は多くの放課後デイ事業所で収入減に直結しています。子どもの状態をチェックして該当する子どもに加算する個別サポート加算は、子どもを見る目を曇らせます。

　放課後デイは、子どもたちとともに遊びや生活を創造し、取り組みをゆたかに展開してきました。次期報酬改定で「特定の領域に対する重点的な支援（特定プログラム）の提供」がどのように組み込まれるのか注目する必要がありますが、放課後の場に特定の課題を課す訓練の役割を担わせることは、こうした自由度の高い取り組みと矛盾します。子どもたちに、ゆたかな放課後生活を保障する実践とその専門性について検討を深め理論化していくことがいっそう求められます。

Ⅲ　成人期の情勢と課題

　新型コロナウイルス感染症の流行から3年、私たちの行動・生活様式も様変わりし、成人期の障害福祉現場も大きな影響を被りました。それへの制度的対応が遅れた影響が、様々な場面に出ています。また障害者の人権の確立が永年にわたって放置されてきたことの堆積が、当事者のねばり強い運動により歴史的かつ重大な社会問題として表出しています。

（1）障害のある人の暮らし・人生の家族依存問題の早急な解決を

　障害のある人の暮らし・人生は家族が支え続ける、この国の諸制度の大前提をなしてきた考え方ですが、その先にはいわゆる「老障介護⑨」にともなう深刻な問題が生じています。地域で限界を超えた状態で生活を続ける中で、家族全体が疲弊している状況も報告されています。

　このような状況下で、国連の総括所見は「障害者の施設入所を終わらせるために迅速な措置をと

る」ことを日本政府に求めました。この勧告において言及されているように、誰と暮らすのかを決めることや、特定の場所で暮らすことを強制されないことは基本的人権として非常に重要な問題です。

　一方で、現状の障害者の暮らし・人生の家族依存をどのように解決するのかという道筋が見えない中で、総括所見の勧告によって暮らしに関わる社会資源が制限されることに危機感を覚える関係者も多くいます。2021年時点のNHKの取材は、入所施設での生活を希望し待機している障害者が、少なくとも27都府県で延べ1万8640人に上ることを明らかにしました。国による調査がないことや待機者数を把握していない自治体も多いことを考えると、実際の待機者はさらに多いとみられます。まずは、全国的に非常に多くいると考えられる入所施設やグループホーム等の待機者の実態を正確かつ詳細に把握するための基準と方法の確立が必要です。

　障害のある人と家族双方が当たり前の人生と関係を築けるようにするために、ライフサイクル上の適切な時期に自立できるための仕組みと社会資源の充実が喫緊の課題です。

（2）障害のある人にもディーセントワークの保障を⑩

　障害のある人の福祉的就労をめぐっては、依然として新型コロナウイルスの影響が継続している、以前のような仕事内容・工賃水準には回復していないという事業所が多くあります。また一般就労している障害者の雇用回復も依然、途上です。一般社会は、コロナ流行前の生活に戻りつつあり、景気も回復傾向にありますが、それは障害のある人たちまでゆきわたっていません。このことは、「障害者は最も遅く雇用され、最も早く解雇される」という、効率性重視の資本主義社会における行動原理の表れであり、障害のある人が労働環境において弱い立場であることが露呈しました。

　この間、障害者の法定雇用率⑪は引き上げられましたが、達成企業の割合はいまだに半分に過ぎません。その上、他社の雇用率達成を受託して働

く場を提供する「障害者雇用代行ビジネス」なるものも拡がりを見せています。こうした動向は、障害のある人の「開かれた労働市場への移行」（総括所見）を促進すること、ましてやそこで、働くことのねうちや同僚との協同をわがものとすることとは無縁のものです。

　福祉的就労であれ一般就労であれ、障害のある人たちのもてる能力を最大限発揮し、当事者がやりがいを実感でき、また社会に貢献するというディーセントワークの保障が喫緊の課題です。

（3）障害のある人の政策決定への参加を位置づける

　障害のある人の投票行為に関連して、合理的配慮提供を求める当事者たちの訴えが実り、選挙権の行使に一定の前進がみられました。しかし、議場のバリアフリー化や障害のある人の被選挙権の行使には依然として大きな課題が残されたままです。

　共同通信社が2022年に地方議会全1788の議長宛に実施した調査では、議会の「バリアフリー化」が進んでいるという回答は39％に留まり、段差の解消は24％、一般傍聴席における車いす対応席の設置は49％、視覚障害議員向け設備は7％と、議会の傍聴や議員活動の展開における障壁は山積状態であることが明らかにされました。

　障害者権利条約をこの国で具現化するためにも、政策決定過程への当事者参加は不可欠な条件であり、選挙権及び被選挙権、議会の傍聴等あらゆる場面において、合理的配慮を保障することのできる制度と条件の整備を求めていかなければなりません。

（4）障害のある人のケアする権利の確立を

　障害のある人のノーマライゼーションを追求するうえで、ライフサイクルにおけるノーマルな経験として子育てや介護等、他者をケアする権利も、当然、他の者と同様に保障されなければなりません。

　旧優生保護法下において実施された本人の同意を得ない形での不妊手術という重大な人権侵害事

案はけっして過去のものではありません。旧優生保護法下の人権侵害問題について、正義・公平の理念に基づき、「除斥期間」を適用せず、すべての優生手術被害者の被害回復と救済を求めていくことと同時に、現代においてもなお、本人に拒否する権利を保障しないまま不妊手術が実施されている事例があるという実態を早急に改めなければなりません。そのためにも障害のある人にもケアする権利があることについて明確にするとともに、現実に子育てや介護を行うための社会的支援のあり方についても検討する必要があります。例えば、ホームヘルプ制度における子育て支援の枠組みや、グループホームや地域生活の中で子育てをどのように支えるのかということについての制度的裏付けが必要です。

2021年からは障害基礎年金と児童扶養手当の併給調整の枠組みが変更になり、障害基礎年金の子加算部分⑫と児童扶養手当の差額が支給されることとなり、障害のあるひとり親と二人親の間の格差は解消されました。しかしながら本来は、障害のある人がケアするために必要な追加的費用が勘案されるべきであり、障害基礎年金の子加算のあり方の見直しなど、個別の事情に応じた追加的な費用の保障がされなければなりません。

Ⅳ　研究運動の課題

（1）困難の中に潜むねがいを深くとらえる

自己責任と家族依存を前提とした社会保障費の大幅な削減に、物価高騰が追い打ちをかけ、障害者と家族の困難はいっそう深刻化し、ますます声をあげにくくなっています⑬。コロナ禍が障害者の生活と発達にもたらした影響についても、今後長期にわたる検証が求められます。そのためにも、障害者の直面する困難の実態とそこに潜むねがいを深くつかむこと、実践現場で働く人たちの苦悩を語り合い、聴き合うことが大切です。各地域で、社会の困難や矛盾が集中的に顕在化しやすい障害者の権利侵害の実態と構造を明らかにする調査研究に取り組みましょう。自らのねうちを市場経済のものさしで競わなければ生きられない社会ではなく、人びとの連帯と支え合いが広がるなかで、障害者の尊厳を守り、発達保障が前進するような社会を描きましょう。

さまざまな困難の中でも、障害のある人の生活の質を高めようとする実践が各地で、各分野で積み重ねられています。一人ひとりが生活のなかで感じる楽しみや幸せのなかに、発達の土台となる生活の質を豊かにしていく課題を探り、そうした豊かな生活を支える制度が地域で格差なく整えられているかを検証しましょう。

（2）つながって学び合おう

私たちの研究運動は、ライフステージを貫いて一人ひとりの生活を見つめ、地域の実情を学び合い、立場や職種を超えて語り合うことで、発達保障の課題を掘りさげてきました。

この間、オンラインを活用した学習活動も広がっています。全国大会をはじめとして、「教育と保育のための発達診断セミナー」、「発達保障のための相談活動を広げる学習講演会」、「『障害者問題研究』を読む会」や研究推進委員会のオンラインゼミでは、理論や実践を学び合うことを通して、仲間とつながることのねうちが実感できます。

多忙化のなか、自分の思いや考えを表現することがためらわれたり、他の人や同僚と話をする機会がもちにくくなっています。だからこそ、ささやかな疑問や違和感を手放さず、お互いの悩みや迷いを安心して語り合える場をつくっていきましょう。実践の現場では、ここまででも見てきたように、人間らしく働く権利が奪われやすい状況が広がっています。だからこそ、障害者の発達と幸福の実現に寄与したいとねがう人たちに発達保障労働の魅力を伝え、ともに働く仲間として加わってもらうためにも、実践者としての誇りを持って働き、自らの将来の仕事と生活を展望し、専門性を高め合える職員集団づくりを進めていきましょう。

そして、自分の生活や実践をレポートに綴ることにも、励まし合って取り組みましょう。実践記録を読み合い、仲間とともに考えるなかで、それぞれの実践の個性や共有すべき課題が見えてきます。来年の第58回全国大会（奈良）に向けたレポ

ートづくりを進めましょう。

　身の周りの実態や問題を学ぶことは、自分の実践や思いを言葉にして伝えたり、他の人の思いや考えをより深く理解することを助けてくれます。人とつながるための学びを支部やサークル活動のなかで深めていきましょう。

（3）足元から平和と人権を展望しよう

　不安と緊張が高まる国際情勢を口実に、政権とそれにすり寄る勢力が軍備拡大を推し進め、平和憲法を破壊することを許してはなりません。戦争や災害による命の危機が世界規模で起きている今こそ、国際平和を実現するために戦争の道を選ばず、戦力を持たないことを定めた日本国憲法第9条がもつ普遍的価値を現実の力とする努力が求められています。

　私たちの研究運動は、憲法が掲げる恒久平和や基本的人権を障害者の生活と権利において具体化することで、憲法を守る取り組みの一翼を担ってきました。たとえば、65歳を境に障害福祉サービスが利用できなくなる不条理を千葉市に訴えた天海訴訟は高裁で勝訴しました（千葉市は上告）。費用負担なしに自分らしい生活をきずきたいというねがいを実現するために、介護保険優先原則の

廃止が求められます。

　旧優生保護法による強制不妊手術の国家責任を問う裁判。司法は憲法違反を認める一方で、被害から20年を経過すると賠償を求める権利が消滅するという「除斥期間」を理由に原告の訴えを斥けてきましたが、この間、二つの高裁で勝訴が連続しました。しかし国は控訴、上告しています。強制不妊手術という人権侵害とととともに、権利に期限があるのかという重大な問題が提起されています。6月、国会の調査室は被害の実態調査報告書原案を国会に提出しました。その内容も精査しつつ、この間、関係者の努力によって積み上げられてきた調査研究を土台に、人権侵害の事実を明らかにしていく必要があります。

　そして各地で広がる投票バリアフリーの運動。「障害のある人の投票のための合理的配慮」を調査し要望した日本障害者協議会（JD）の要請や国連の総括所見を受けて、国（総務省）は12月に都道府県選挙管理委員会に実態調査を行い、ホームページで公開しました。NHK も「みんなの選挙」⑭の一環として市区町村選管に調査し、積極的に報道しています。

　障害者の権利保障を勝ち取ろうとするこうした努力は、日常生活や実践の足元から憲法の理念や価値を確かめること、平和と人権について語り、

学ぶことの大切さを教えています。

　日本障害者フォーラム（JDF）のパラレルレポートづくり⑮のとりくみなどに象徴される、障害者のねがいを束ねる努力に思いを寄せ、総括所見に照らして、目の前の生活や実践の事実を検証し、発達保障・権利保障の課題を明らかにしていきましょう。

（4）発達保障のうねりをつくり出そう

　私たちの研究運動は、生活や実践の事実を多様に持ち寄り、ねがいを束ねていくことで、発達保障・権利保障の原動力を蓄えてきました。そのために、一人ひとりが、立場や職種を越え、地域を結んで、互いが研究運動の担い手として育ち合うことを大切にしてきました。

　そうした研究運動の拠りどころが月刊『みんなのねがい』です。誌面からは、生活のぬくもりや実践の息づかいが伝わってきて、最新の問題や発達保障・権利保障の課題を学ぶことができます。地道に続けられる読者会の経験も交流し合いながら、読者から読者へと輪を広げていましょう。

　実践と切り結んだ理論の学習には、季刊『障害者問題研究』が欠かせません。「『障害者問題研究』を読む会」では、一人で読み進めることが難しいからこそ、仲間と読み合うことで、多面的な問題の理解や新たな課題の発見につながります。

　私たちの研究運動のすそ野を広げていくためにも、地域や職場のなかで「語りたい」「学びたい」という要求でつながる場を作ることが大切です。オンラインの活用も進んでいますが、そこから取り残される人をなくす取り組みも考えていきましょう。全障研出版部の出版物も活用しながら、語り合いや学び合いの文化を受け継ぎ、学びの層を厚くしていくことが、発達保障・権利保障を前に進める土台となります。

　私たちは、どんなに小さなねがいであっても大切に語り合い、個人と集団と社会という発達の三つの系を結び合わせて考えることで、権利保障の筋道を描き出し、発達保障の未来を展望してきました。そうした全障研運動の魅力を伝え合い、私たちの研究運動に多くの人を誘い合って、発達保障のうねりをともにつくり出していきましょう。

基調報告のことばから

①藤野高明さん　1938年12月、福岡市生まれ。敗戦後11ヵ月経った1946年7月、不発弾で両手と視力を失うも、入院先で唇で点字を読むハンセン病の人々のことを知り努力。後に大阪市立盲学校に入学し、その後通信制大学で教員免許を取得。30年間盲学校教師を務めた（「私の戦中と戦後─戦争、二重障害、不就学の道を歩んで」『みんなのねがい』2023年7月号）。

②総括所見（勧告）　2006年12月に国連で採択された障害者権利条約を、日本は2014年に批准した。批准国は条約履行状況の報告を義務づけられており、日本は2016年に国連に提出。その報告書の内容を国連障害者権利委員会が審査し、日本に改善を求めた文書。

③「障害のある子どもの教育改革提言─インクルーシブな学校づくり・地域づくり」　障害者権利条約の批准までの国内整備が議論されていた2010年、全障研は教育問題について「場の問題」に終始する傾向を批判的に検討し、学びや育ちの中身をしっかりと議論しようと呼びかけた。この教育改革提言をさらに具体化した同名の書籍を出版した。なお提言は、全障研のホームページで読むことができる。
https://www.nginet.or.jp/news/opinion/20100303_kyouikukaikaku.html

I

④保育所に児童発達支援事業等を併設　厚生労働省子ども家庭局保育課と厚生労働省社会・援護局障害保健福祉部障害福祉課による事務連絡　2022年12月26日「保育所等におけるインクルーシブ保育に関する留意事項等について」

II

⑤小森淳子さんのエッセイ連載「やぎさんメール」『みんなのねがい』2022年4月〜2023年3月

⑥『障害者問題研究』第51巻1号は「発達保障のための教育環境・学校設備」を特集。

⑦石田誠さんと塩田奈津さんは、「特集　行事の魅力」で「学校における「行事」とは」と題して京都府立与謝の海支援学校の実践を報告。

⑧詳しくは『障害者権利委員会総括所見とインクルーシブ教育』（越野和之・児嶋芳郎・「みんなのねがい」編集部編、全障研出版部、2023年、を参照。

III

⑨老障介護　高齢社会において、さまざまな家庭の事情で高齢者が高齢者の介護をせざるを得ない状況を「老老介護」と言うが、障害のある人の生活を高齢になった親が支えざるを得ない、家族依存の介護状況に対して「老障介護」という言葉を使うようになった。

⑩ディーセントワーク　一般に「働きがいのある人間的な仕事」と理解されている。1999年、ILOで使われはじめたとされている。

⑪法定雇用率　障害者雇用促進法が定める障害者を雇用すべき割合。法は事業の形態ごとに雇用する障害者の割合を定めている。2023年現在、民間事業主は2.3％、国・地方公共団体は3.0％。段階的に引き上げられる予定。

⑫子の加算額　障害基礎年金受給者に生計を維持されている18歳までの子がいるときに加算される年金。

IV

⑬『障害者問題研究』第51巻3号、特集　新型コロナウイルスと障害者の人権・発達保障、参照。

⑭NHK「みんなの選挙」　この取り組みについて、杉田淳さんの「NHK「みんなの選挙」にみる障害のある人と投票」（『障害者問題研究』第51巻3号）を参照。

⑮JDFのパラレルレポートづくり　政府報告の審査をする権利委員会は、その国の民間団体からも報告を受け取り、読み込んで総括所見をまとめる。この民間の報告をパラレルレポート（パラレポ）という。薗部英夫さんの「障害者権利条約実質化のプロセスと到達点」『障害者問題研究』第51巻2号を参照。

発達のなかの煌めき

——未来につなぐ私たちのねがい

白石正久（龍谷大学名誉教授）・白石恵理子（滋賀大学）

はじめに

みなさんこんにちは。白石正久と白石恵理子です。私たちがお話しできるのはささやかなことですが、どうぞよろしくお願いいたします。

私たちは大学で、全障研と出会いました。びわこ学園の療育記録映画「夜明け前の子どもたち」を観たり、私たちの指導教官でもあった田中昌人さんのいわゆる「可逆操作の理論」を、難しい言葉に頭を抱えつつもサークルで学びました。当時は、大学紛争の残滓もあり、まだ学生も教員も、型にはまらない自由な学問の雰囲気をもっていました。全障研サークルの先輩は、親身になって指導してくださいましたし、やがて私たちも後輩をサークルに迎えることになりました。『教育と保育のための発達診断』のテキストづくりや「教育と保育のための発達診断セミナー」は、そういった後輩の力に支えられた取り組みです。

そして、私たちは大学を出て、「発達相談員」という仕事に就きました。その仕事のなかで、たくさんの子ども、なかま、親・家族、そして実践者のみなさんと出会い、ともに、障害のある人たちの発達へのねがいをみつめてきました。その後、大学の教員になりましたが、発達相談の活動はずっと続けてきました。障害のある子ども、なかま、お母さん、お父さん、働くみなさんから学んだことを、今、若い人たちに語り継いでいきたいと思っています。

1　発達を捉えるとは、その人の価値観を知ること

（1）成人期のなかまたちに学んで

まずは、成人期のなかまたちのことから話していきます。

私たちは、1990年頃から、作業所などでの発達診断や事例検討会に参加してきました。今は「就労継続支援事業所」や「生活介護事業所」になっていますが、もともとは「作業所」として、養護学校卒業後の「働く場」として大きな役割を果たしてきました。私たちがかかわってきたいくつかの「作業所」では、利用者のことを「なかま」と呼んでいました。そこには、一緒に仕事をしている「なかま」、職員と対等な立場で「作業所」をつくっている、そして、地域や社会をつくっている「なかま」という思いがあるということも教えてもらいました。

そうした「作業所」が増えていったのは、養護学校づくり運動から、次は卒業後の「働く場」をつくろうという運動によってでした。1970年代後半から80年代の時期になります。学校づくり運動のなかでは、京都府立与謝の海養護学校（現　京都府立与謝の海支援学校）のように「学校に子どもをあわせるのではなく、子どもにあわせた学校をつくろう」というスローガンが掲げられたわけですが、今度は「仕事になかまをあわせるのではなく、なかまにあわせた仕事をつくろう」が大切なスローガンになっていきました。そして、多くのなかまたちが、「自分だって働ける」、「社会に

参加している」という誇りと喜びをわがものにして
いきました。

　それまで障害のあるわが子を大切に愛しみ、育
ててこられたお母さん、お父さんにも大きな喜び
をもたらしました。

　あるお父さんは、息子がはじめて持ち帰った給
料袋に涙し、神棚にかざり、次の休日には自分の
仕事場に連れていって「ここはお父さんが働いて
いるところだ、おまえもなかまだ」と話しました。
また、あるお母さんは、「うちの娘は障害が重い
から“仕事”なんて無理です」と職員に話してい
たのですが、時間をかけながらもさをり織にとり
くむ娘の姿を見て「今まで親としてこの子をみて
きましたが、一人の人間として解放された思いで
す」と話しました（みぬま福祉会30周年記念刊
行委員会『みぬまのちから─ねがいと困難を宝に
─』全障研出版部、2014年）。わが子が、親以外
の人の力を借りながらも、何らかの価値をつくり
だし、社会と結びつこうとしている。私たち親が
この子を育てているのではなく、この子が社会の
主人公なのだという思いが、お母さんを「一人の
人間」に解き放ったのではないでしょうか。

　そうした「作業所」に私たちは行かせてもらう
ことになったわけですが、そこでとまどいを覚え
ることになりました。「働く」ことで社会に参加
しているという誇りや、お給料を楽しみにして、
少ししんどくても日々の仕事をがんばっているな
かまたちもたくさんいたのですが、一見、そうは
見えないなかまたちも多かったのです。

　その違いの背景に、なかまの発達の時期の違い
があることに気づきました。「働いてお給料をも
らう」「おとなだから働くことは大事なことだ」「み
んなで力を合わせる」という作業所づくり運動の
過程で大事にしてきた価値観を基本的に共有でき
ているのは、「可逆操作の理論」によれば、おお
むね「4歳の節」をこえてきているなかまたちで
した。「作業所」には、その前の段階で努力を重
ねているなかたちがたくさんいたのです。

　たとえば「4歳の節」の手前の2、3歳ころの
発達の時期にあるなかまたちは、喜怒哀楽や要求
を率直に表現し、場の雰囲気をつくってくれま
す。今やっていることが月末の給料に結びつくと
いう目に見えないつながりを理解することは難し

不本意な在宅者を出さないためにみんなでつくった「作
業所」の、障害のある人の「仕事」に模索するとりくみ
の例は数多くあります。ここで紹介されたお母さんのこ
とばは『みぬまのちから』（67ページ）に記されていま
す。

いのですが、実際のお給料を手にすると嬉しそう
です。なかには、お札が入っていると「なんだ、
こんな紙切れ」とばかりに破ってしまうなかまも
いて、その人には全部硬貨にして渡していると
う話も聞きましたが、その硬貨で自動販売機の缶
コーヒーを飲むことを何よりの楽しみにしていま
す。また、お仕事もするのですが、それよりも職
員と同じようなウエストポーチをつけたり、軽ト
ラックに乗りたくて、外でトラックの音が聞こえ
ると、仕事を放り出して、「バック、バック」の
手振りをしに出たりします。職員たちと一緒に府
や県との交渉に行って、そこでシュプレヒコール
をあげる時には生き生きするけれど、日々の仕事
ではあまり「やる気」をみせないということもあ
りました。口では「お仕事がんばる」と言っても、
実際にはお仕事よりもおしゃべりになったり、長
く集中し続けることは得意ではありません。そう
した姿に対し「お仕事がんばらないとお給料もら
えないよ」と職員が励ましのつもりで声をかけて
も、苛立ったり、シュンとしたり、その場からい
なくなったりします。

　「なかまの会」といった自治組織に参加してい
ても、話し合われていることの理解は難しく、「あ

なたはどうしたいか」と聞かれても、ピンときていないようです。あるなかまが「水道からお湯が出るようにしてほしい」と言ったことをきっかけに、「なかまの会」でみんなの意見を集めようとします。そこで「あなたはどうですか?」と意見を求められても答えられません。水かお湯かといった二択で意思を聞かれても、すぐには答えにくいのです。でも、給食でのリクエストメニューを選ぶ時は本当に嬉しそうです。

こうした姿を見て、発達の時期の違いによって、仕事に対する目的のつくり方や、自分の要求の意識の仕方に、大きな違いがあるのではないかと考えました。「働いてお給料をもらう」「おとなだから働くことは大事」「みんなで力を合わせる」という大切な価値観が、「よくわからないことを押し付けられている」感覚になるのではないかと思うようになりました。

彼らは決して「仕事ができない」わけでも、「集団に入れない」わけでもありません。労働のあり方を考えるうえで、「何ができるか」「どういう工程を担えるか」だけではなく、彼らがどう世界や自分を捉えているのか、どのような労働観をもっているのかを推し量ることが必要なのではと考えるようになりました。

私はもともと自治体の発達相談員として、乳幼児期の子どもたちの相談の仕事をしていました。乳幼児健診や発達相談、保育園入園後の巡回相談、就学に向けての相談などにかかわっていたわけですが、子どもたちの発達年齢や発達段階を、発達検査を通して明らかにし、それをふまえて、子育てや保育のなかで何を大事にするかを保護者や保育園の先生たちと共有していく仕事です。日々の子育てや毎日の保育のなかでは、ときに見えにくくなってしまう発達の事実に気づき、それを伝えていくことは「やりがいのある」仕事でした。ただ、当然のことですが、「発達に遅れがあるかもしれない」「療育に行った方がいいですよ」「保育園では加配の先生をつけてもらった方がいいですよ」とお伝えしなければならないことは度々あり、それに対し、泣かれたり、憤られたり、うつむかれたりする親御さんの思いが痛いほどわかりながらも、「この子のことをわかってほしい」という思いでお話ししていたと思います。そしていつの間にか、こちらが思う方向で親御さんがすすまれた時に「私の相談がうまくいった」、そうではなかった時に「相談がうまくいかなかった」と落ち込むようになっていました。ベクトルが自分自身に向いていたわけです。もちろんその未熟さを、同僚の保健師さんや発達相談員が支えてくれていたわけですが…。

その後、大学や専門学校で教える仕事に就いたのですが、少し時間的に自由になった分、できる

- 自分自身を振り返って
   ⇒ 自治体の発達相談員として
   ⇒ 「通園施設」や「作業所」での発達相談で
- 自閉症のサチさんにとっての仕事とは?
- ユウタさんにとっての仕事の目的って?
- 自分の人生の主人公として、多くの人とつながりながら、自らの生活や労働を創造し社会をつくっていく
- 実践のなかで悩みにぶつかったとき、なかまの価値観をもう一度とらえなおし、そこからなかまのねがいを読みとる
- いつの間にか、自分にベクトルを向けて考えていないだろうか…子どもやなかまに学び続けるという当たり前のことを大事にしていきたい

だけ通園施設や療育教室での発達相談、「作業所」でのなかまの発達診断にかかわるようにしました。恥ずかしながら、そこではじめて、発達検査で見せる子どもやなかまの姿はほんの一部でしかないことを、リアルにつかむことになりました。集団のなかで力を発揮しにくい子どもたちのなかには、一対一で行われる発達検査が好きな子がいますよね。わかりやすく課題が提示されて、やったことをしっかり認めてもらえるのですから、心地よく感じられることもあるのでしょう。

でも、友だちが好きになり、みんなの遊びに入ることがおもしろくなってくると、検査より早くみんなのいるところに戻りたいのは当然ですよね。そんな当たり前の子どもの思いにも気づけるようになって、保育士さんやお母さんから保育での様子、家での様子をうかがうことが一層おもしろくなっていきました。

そして、成人期のなかまたちとの出会い。これは自分の狭い発達観を大きくくつがえすものでした。幼児期の子どもたちの姿をみている時には、実際、子どもたちの変化も目に見えてわかりやすいために、口では「できるようになることだけが発達ではない」と言いながらも、やっぱりそこに目を奪われてしまうことが多かったように思います。成人期においても、発達は続くのですが、幼児期や学童期に比べれば、目に見える変化はゆっくりです。加齢にともなって、できていたことができなくなっていくことも当然起こります。そんななかで、発達とは何かをより根本から突き付けられるようになりました。いちばんの気づきは、先ほど労働観の違いと述べたことにつながります。それぞれの発達の力は、その人の価値観や生き方につながっているということを考えるようになったのです。そして、その価値観がまずは徹底的に尊重されることが大切だと思うのです。

自閉症のサチさんは、さをり織をしています。サチさんは織る技術はあるのですが、職員が声をかけないと５分と続かず、すぐに立ち歩いてしまいます。職員はどうしたらもっと積極的に仕事に向かえるだろうと悶々とします。ある日、その日に使う糸を手渡したところ、サチさんは嬉しそうに"ブルー、コバルトブルー"と返します。黄色だと"レモンイエロー"。その生き生きとした表情から職員は、「サチさんにとってのさをり織の魅力は、このコミュニケーションなのだ」ということに気づきます。それからは「仕事に集中できないサチさん」ではなく、「やりとりを楽しむサチさん」という見方に変わっていき、結果的にさをり織に取り組む時間も長くなっていきました。

ユウタさんはきれいに光るものが好きで、新たにできたビーズでアクセサリーをつくる班に行きたいと言います。最初ははりきっていたのですが、だんだんと気持ちが向きにくくなっていきました。でも姪っ子ができて、その姪っ子にあげるのだと、またはりきって仕事に取り組むようになりました。彼は、きれいに光るものが好きという感覚の世界だけでは徐々に仕事の目的が見えなくなっていったのでしょう。かと言って、買った誰かがどこかで喜んでくれるというイメージをもつには至りませんでした。でも、大好きな姪っ子を喜ばせたいという顔の見える関係によって、もう一度仕事の目的をつくることになったのでしょう。

なかまたちは、それぞれに、自分の人生の主人公として、多くの人とつながりながら、自らの生活や労働を創造し社会をつくっていく存在です。職員がとまどいや悩みにぶつかった時、実践に困難を感じた時、何よりも大切なのは、なかまの価値観をもう一度捉えなおすこと、そこから、なかまのねがいを読みとることではないでしょうか。

このことは、成人期だからではなく、実は幼児期や学齢期でも同じだと思います。２歳の子は、３歳になる前の時期としてがんばっているのではなく、今まさに２歳として尊重されることをねがっています。３歳の子は、「４歳の節」に向かうためにがんばっているのではなく、３歳として大事にしてほしいのです。４歳になると、少しずつ世の中の理屈もみえはじめ、集団のなかで自分に何が期待されているかもわかりはじめます。３歳の子はそうではないので、ときにとんでもない発想でおとなを驚かせたり、嘆かせたり、困らせたりしますよね。それは３歳でしか味わえない世界なのでしょう。それを大切にされること、つまり子どもの「今」が大事にされることが、次の発達の準備に必ずつながっていきます。

今回の連載では、読者とのオンライン交流会を

行っていますが、その1回目で、成人期の支援を
している職員さんが、「10年たってようやく、なか
かまの思いを考えられるようになった」というこ
とを話されました。私自身がそうでしたが、子ど
もや親のことを考えているつもりが、自分はどう
みられているのか、自分の仕事は評価されている
のかと自分にベクトルを向けて考えてしまってい
るというのは誰にでもあることです。だからこ
そ、いつも子どもやなかまに学び続けるという当
たり前のことを大事にしていきたいと思います。

（2）糸賀一雄と「発達的共感」

　さて、次に、糸賀一雄さんの「発達的共感」に
ふれたいと思います。

　糸賀さんは、大学卒業後、京都市で代用教員の
職に就きますが、間もなく赤紙の招集をうけま
す。しかし病に倒れ招集解除となりました。2年
後に再び招集されましたが、「役に立たない」と
すぐに帰らされます。戦友たちのほとんどが帰ら
ぬ人となるなかで生き残った彼は、滋賀県庁に勤
めることになりました。戦争が激化し、食糧事情
がどんどんと厳しくなっていくさなかに、食糧課
長の激務につきました。生き残った自分が何をす
べきかを考えていたのではないでしょうか。そし
て終戦。戦後も激務は続き、とうとう体をこわし、
職を離れざるを得なくなりました。療養中の彼の
もとに、小学校教員であった池田太郎さん、田村
一二さんが訪れ、そこで、のちの近江学園の構想
が語られました。

　当時、戦争で焼け出され、親を失った子どもた
ちは、「浮浪児」として町に溢れていました。そ
れが社会問題となり、急ごしらえのバラックが建
てられ、子どもたちが続々と送り込まれていまし
た。いわゆる「浮浪児狩り」です。しかし、彼ら
はそこに安住できず、脱走し、また収容し…の繰
り返しでした。「精神薄弱」があるゆえに、家庭
から捨てられた子どもたちも、そうした群れのな
かにいました。この子どもたちを救いたい、「そ
して彼等の中に、今はかくされている個性の輝き
を、何とかして引き出すことはできないものだろ
うか」（糸賀一雄『福祉の道行－生命の輝く子ど
もたち』中川書店、2013）と、1946年、戦災孤
児と知的障害児のための施設として近江学園は創

設されました。

　10年後には、京都大学から田中昌人さんが学園
の研究室に入ります。多くの人が力をあわせ、子
どもの発達の道すじの研究と実践を続けるなか
で、1961年、発達の科学に裏打ちされた「発達保
障」の理念が掲げられました。田中昌人さんは後
に全障研初代全国委員長になります。

　そして学園設立から22年後。糸賀さんは、1968
年9月、滋賀県児童福祉施設等新任職員研修会で
講演を行い、最後のまとめをするなかで倒れ、翌
日、54年の生涯を閉じました。最期になった講演
の演題は「施設における人間関係」でした。

　そこで糸賀さんは、保育者や教師と子どもたち
との間に、よい人間関係がつくられることによっ
て、子どもたちは人間的な成長をとげていく、そ
の関係は「共感の世界」でなければならないと語
りました。それまで、「精神薄弱」とか「重症心
身障害」ということが、ときに、障害のない場合
との違いをあげつらうだけになっていたこと、「で
きない」「弱い」「劣っている」といった劣弱性を
羅列していくようなレッテル貼りになっていたこ
と、自分たちのなかにもそうした見方が巣くって
いたことを厳しく反省します。そして、障害の有
無にかかわらず、誰もが「壁の前に何べんも突っ
立たされたんだけれども、その溝をこえ、壁を乗
りこえして、今日こうして生きている」のであり、
「重症心身障害とか、精神薄弱とか言われる人々
と、そして私たちとが実は根が一つだという、本
当に発達観から見ても根っこが一つなんだという
共感の世界」があるのだと力説しました（糸賀一
雄『糸賀一雄の最後の講義－愛と共感の教育　改
訂版』中川書店、2009）。単に「同じ人間だ」と
いうことではなく、何度も何度も壁にぶつかり、
それを乗り越えながら発達していっているという
共通の発達観に糸賀さんたちは到達したわけで
す。

　それは、22年間、障害のある子どもたちととも
に生き、笑い合い、悩み苦しみながら、多くの職
員たちと一緒につくりあげてきた発達観、人間観
であったと思います。

　『福祉の思想』（NHK出版、1968年、177ペ
ージ）では、次のように述べられます。

　「重症児が普通児と同じ発達のみちを通るとい

うこと、どんなにわずかでもその質的転換期の間でゆたかさをつくるのだということ、治療や指導はそれへの働きかけであり、それの評価が指導者の間に発達的共感をよびおこすのであり、それが源泉となって次の指導技術が生み出されてくるのだ。そしてそういう関係が、問題を特殊なものとするのでなく、社会の中につながりをつよめていく契機になるのだということ。そこからすべての人の発達保障の思想と基盤と方法が生まれてくるのだ」。

重症児と言われる子どもたちも、発達のゆたかさをつくりだそうとしている主体であるとし、治療や指導は、「弱さ」を補うとか治すとかいうものではなく、ゆたかさをつくろうとすることへの働きかけだと言うのです。療育記録映画『夜明け前の子どもたち』では、「寝たきりの重症心身障害児」で、目も耳も先生たちの働きかけを拒んでいるかにみえたシモちゃんが、10歳の秋の日に、うまれてはじめて笑顔をみせます。その笑顔は先生たちに確かに刻み込まれ、次への展望となっていきました。シモちゃんの笑顔は指導者集団に発達的共感をよびおこし、自分たちの仕事のかけがえのない意味に光をあてました。

また糸賀さんは、15歳の青年と保育者の話をいくたびか紹介しています。彼は強い脳性麻痺で知的障害も重度であり、栄養失調で骨と皮になっているような状態でびわこ学園に運びこまれてきました。ある日、いつものように保育者がおむつをかえようとすると、彼は息づかいをあらくして腰を心もちあげようとしているのです。その必死の努力を感じ取って、保育者はハッとします。保育者の手の動きに必死に合わせようとする青年、そのかすかな動きを感じ取ってハッとする保育者、そこに「人間が生きていく上になくてはならない共感の世界」があると、糸賀さんは言いました。

「重症児」とよばれる子どもたちが「生き抜こうとする必死の意欲をもち、精一杯の努力を注いで生活しているという事実」を知り、「その生活の奥底を見ることのできなかった」ことを恥じます。子どもに学び教えられ、自分を、自分たちを変革していこうとする。それがまさに、「すべての人の発達保障の思想と基盤と方法」につながっていくのでしょう。　　　　　　　（白石恵理子）

2　障害のある人びとの精神と向きあう

（1）家族や私たちを気遣い、生活と社会の現実を理解し、そこかに身を置いて生きようとする子どもたち

さて、今、糸賀一雄さんの言葉を通して語られた「子どもたちの生き抜こうとする必死の努力」を感じ取ることが、発達を理解するためにいかに大切かを、私は3人の子どもの姿を通してお話ししたいと思います。

私は、重い障害の子どもを治療する小児科で働き始めました。二十代の私は、ただ、発達検査をすることだけで精一杯でした。間もないころ、ひろくんに出会いました。

・ひろくん

てんかんの治療で入院してきた2歳の男の子で、重い脳性麻痺がありました。光をみつめる反応はありましたが、顔の弁別ができるわけではありませんでした。

ある時、お母さんは、こんなことを言いました。

「先生、いつも丁寧にひろくんをみてくれてありがとね。私は、専門的なことはぜんぜんわからないけれど、ひろくんは何もできないけれど、お姉ちゃんと同じに、私たちの話をいつも一生懸命に聞いているの。何もできないけれど、嬉しかったり、悲しかったりは、お姉ちゃんと同じだと思うの」。

彼の見えにくさに着目していた私が、追視の発達検査をしていた時に、ポツリと語られた言葉でした。

「何もできないけれど、嬉しかったり、悲しかったりは、お姉ちゃんと同じだと思うの」。未熟な専門性にしがみついて、お母さんの一番大切に思っているひろくんの心のはたらきに目を向けようとしなかった私に対して、それは優しい言葉でしたが、心に重く残りました。そして、センセイと呼ばれた自分を恥じました。

お父さんはお菓子屋さんを営まれ、店を閉めると、毎日のように病室に駆けつけて来られました。重い障害を持っているわが子の心を、愛を持って両手でそっと抱きしめようとしている。どん

な日々をすごし、この日常に辿りつかれたのか、私には、想像する力はありませんでした。

お父さんが病室の扉を開けると、彼はいつも、「待っていたよ」と言っているような笑みを長く、長く続けるのでした。それは、私たちがあやした時とは違う、その人が誰であるかわかったうえでの期待の反応でした。その笑顔に、お父さんも本当に嬉しそうな顔になりました。「なにもできないけれど」、しかし、そこには確かな「発達の力」が表現されていたのです。

期待反応は、乳児期後半への飛躍を意味する大切な力です。ひろくんは目は見えないけれど、相手が誰だかわかったうえで微笑みかける、「人知り初めし微笑」（4か月ころに誕生する「生後第1の新しい発達の力」の誕生の兆し）の発達段階にありました。それは、お父さんの愛情を受けとめて、応えようとする、幼いながら最高の愛情の表現にみえました。

・アヤちゃん

次に、「発達のなかの煌めき」第Ⅰ部第6回（9月号）で登場してもらったアヤちゃんのことを話します。そこでは、「みかけの重度」問題と私が名づけていることについて書きました。からだや言語などの機能の障害は重いけれど、精神の発達は機能のレベルとは異なっていることを伝えたいと思いました。

アヤちゃんに出会ったのは、4歳の時です。てんかん発作はくりかえし現れ、いつもつらそうな顔をしていました。頸は坐らず筋緊張が低いのですが、ふとした刺激でからだを反らせる緊張が入りました。発達検査を行おうと胸の上に赤い輪を提示し、追視を誘いました。輪を見つけることはできるのですが、それを動かすと視線はついてきません。あやしても微笑み返してくれるような応答は見られなかったので、乳児期前半の段階と診断していました。

アヤちゃんが通園施設の年長組の時、同僚と家庭訪問をしました。それは驚きの時間でした。お姉さんが学校から持ち帰った「焼き海苔」の袋を手にして「給食」のメニューの話を始めました。すると、まどろんでいるように見えた彼女が、頸を動かし目を見開いて、その袋を見つけようとしたのです。お姉さんがそれを彼女の目の前に持っ

ていくと、口を大きく開けて何かを言おうとしているようでした。「給食の海苔」と聞いて「給食」という言葉に思いを高め、「海苔」という見知らぬものに心を引きつけられたのです。

「乳児期前半の発達」という私の診断は、この姿とまったく符合しませんでした。

アヤちゃんは言葉がわかり、見聞きすることに興味津々で、もっともっと、いろいろなことを知ろうとしている。「給食」を一つの概念として理解し、そのなかの「海苔」を知りたいとねがっている。そうならば、「2次元」と呼んでいる「4歳の節」にあり、概念の形成や比較の認識ができるのかもしれません。大きい丸と小さい丸が描かれた「大小比較」の図版を見せて、「どちらが大きい丸ですか」と尋ねました。すると彼女は目を開き、視線ではっきりと「大きい丸」を選択したのです。その一生懸命さは、これが私の本当の姿なのだと訴えているようでした。

そして、さらなる事実によって、私の発達をみる目に問いかけてきました。私はいつも彼女に、赤い輪を提示して追視の課題を行っていたのですが、それを見ると寝入るようになりました。しかし、赤い輪の提示をやめるとすぐに目を開きました。アヤちゃんはきっと、「寝入る」ふりをすることで、何かを伝えたかったのです。赤い輪を出されても意味の分からないことであり、「私はどうしたらよいの」と困っていたのだと思います。そういうことを続ける私への、静かな抗議とも感じられました。

アヤちゃんは、「もっと、もっと」広い世界を知りたいのだ。そのことをわかってもらいたいと、精一杯、表現していたのです。それは、目の前の「小さい」世界ではなく、まだ知らない「大きい」世界のことを知りたいという「4歳の節」の発達のねがいです。

この発達へのねがいに、どう応えたらよいのでしょう。機能の障害に応じて、からだをつくる、視覚や聴覚の反応を確かにする。それは大切な課題です。しかし、それだけでは彼女の心からのねがいに応えることにはならないでしょう。外の世界に出ていっていろいろなことに出会い、知らないものを見てみたい、聞いてみたい。その名前を知りたい。お姉さんの「給食の海苔」に憧れたよ

うに、友だちのしていること、持っているもののことを知りたい。教育や療育に、自分のねがいを聞き届けてほしかったのではないでしょうか。

・たかくん

さて、もう一人、たかくんのことをお話しします。言葉はなく道具を使うことも難しく、家では紙を破ったり、台所の水道の蛇口に手を当てて室内を水浸しにすることを続けていました。頭を叩いたり手首を噛むこともありました。こういった姿なので、もっとも障害の重い「自閉スペクトラム症」だとみられていたのです。

特別支援学校の中学部の時、「はめ板」などのいつもの発達検査が終わってから、（つまり私は「1歳半の節」をこえていない子どもと診ていたのですが）、お母さんがこんな話をしました。お父さんの仕事が、政府の規制緩和の影響で少なくなり、歩合制のお給料が減っている。生活が苦しくなってお母さんがコンビニで働き始めた。その話を聞きながら、彼は立ち上がり、船の櫓を漕ぐような動作をしながら涙を流し、手の甲で拭いました。

彼は、涙をこらえようとしていたのです。「聞くのがつらい」状況と相対する時に、彼は「櫓を漕ぐ」ような動作を始めるのでした。これまでも、学校でのようすをお母さんに訊ねる時に、この動作をはじめました。たかくんの「常同行動」や自分の感覚を刺激するような行動には、その場面に耐えてとどまろうとしている時の、「やむにやまれぬ」行動という意味があるようでした。

たかくんは、自分と家族のなかだけでは解決しない問題があること、そこにはさまざまな人びとで成り立つ「社会」というものがあることを認識していたのです。「社会」という抽象的な世界があることを認識できる発達段階にありました。

彼がねがっていたのは、「常同行動」や「自傷」、船の櫓を漕ぐ動作がすぐにやめられることでも、道具がうまく使えるようになることでもなかったと思います。家族を心配し、どうしたらよいかわからないでいる心を、聞いてほしかったのだと思います。そして中学生の彼に対して、この社会ではどんな仕事も大切なこと、お給料が少なかったり減ったりするのはお父さんが悪いのではないこと、日本国憲法のもとで、みんなが幸せに生活できるようにするのが国の責任だということ、私たち国民は、国の主人公として手をつなぎあい、社会をより良く変えていく権利があること。そんなことを、系統的に学習できる教育を求めていたのだと思います。

・生活のなかで自分の生きる意味を探している

ひろくん、アヤちゃん、たかくん。どの子も、その置かれている生活の現実のなかで、発達の力に応じて生活と社会を理解し、家族や仲間を気遣いながら生きようとしているのです。白石恵理子が述べたように、発達の力は、人生のなかで「こうありたい」「こう生きたい」という「生き方」へのねがい、その人なりの「価値観」を形づくっていくのでした。だから、子どもやなかまの、その生き方へのねがいを知り、それを宝物のように大切にしながら、より確かな生き方ができるように導いていくことが、指導や支援の役割ではないでしょうか。

そのことをみなさんといっしょに考えたくて、連載「発達のなかの煌めき」第Ⅰ部第1回（2022年4月号）に、特別支援学校中学部のリョウちゃんのことを書きました。「4歳の節」を乗り越えようとしていた彼ですが、朝、教室で突然のように暴れだしました。担任の先生は、家でのイライラを持ち越しているのではないかと考えました。

実は彼は、一生懸命に働いているお母さんの力になりたかったのです。学校で学習した目玉焼きを、朝、お母さんと年下のきょうだいのために作ってやりたかった。それは、「4歳の節」の、まさに「価値を創り出したい」というねがいです。価値とは、「自分にとっても他者にとっても、良いもの」という意味です。

しかし先生は、毎朝、がんばろうとしている彼の姿を知らなかった。そのことに、あとになって気づきました。先生は、子どもの発達を理解するとはどういうことなのかを問い直すきっかけになったと、私たちに語ってくれました。

（2）子ども、なかまの精神と正面で向きあい、語り、問い、受けとめる

・子ども、なかまの精神と向きあう

さて、実はたかくんのように、機能の制約によって喋れないし、道具もうまく使えないけれど、

精神発達の遅れはないとみられる自閉症の人たちがいることを、私たちは折に触れて報告してきました。WEB連載「もう一つの『発達のなかの煌めき』」第6回でも、お話ししました。たかくんに、「話したいのに話せなかったり、思い通りにからだが動かせないのか」と訊ねたことがあります。その時も、たかくんには流れてしまった涙がありました。

　ひろくん、アヤちゃん、たかくんのように、思いはあれど言葉を発することも、手足を動かすことも難しい、機能の障害の重い子どもたちが教えてくれることがあります。機能の制約は大きいけれど、そこには人間の精神がある。はっきりと、「こうありたい」「こう生きたい」とねがっている精神がある。この子らが機能のはたらきをほとんど失ってしまっているからこそ、私たちは、どこかに精神のあらわれはないかと、心の目を凝らして探そうとするのでした。

　一方、機能の障害のない子どもたちは、運動、手指の操作、言葉などを発揮して発達の力を表してくれます。だから、その子どもの活動能力やコミュニケーションのレベルによって発達を診断しようとします。しかし、目に見える能力があるゆえに、その背後にあってそれをつかさどる心のはたらきをかえって見失うことがないでしょうか。あるいは教育の名によって、目に見えて「できる」ことが発達だと考えて、それを追い求めすぎてはいないでしょうか。そして発達の評価・診断も、機能、能力の目に見えるレベルに焦点をあてて発達を理解する偏りはないでしょうか。

・受けとめる

　この精神のありようを理解することは、だれに対しても簡単なことではありません。

　そのために、まず求められるのは、特別な方法ではないと思います。

　その人の心の正面に立って、ていねいに語りかけ、問いかけること。どんなに障害の重い子どもにも、その子らしい感じ方や生き方のねがいがあります。「こんなことは理解できるはずがない」という先入観は、人格そのものを軽んじているように思えるのです。

　ようきたな。からだの調子はどうですか。

　からだに痛いところはないですか。

　がっこう楽しいか。給食美味しいか。

　そんな子どもとの語りあいから始まります。その語りかけに対して、この子らは、言葉にならない言葉で語り返してくれます。その一つひとつをまず「受けとめる」ことだと思います。

　私たちは好んで「受けとめる」という言葉を使いますし、それは「受け入れる」とは違うのだとも説明します。そうすると、「その違いはわかるのですが、ではいったいどんな言葉をかけたり、

◦障害は重くとも、子ども、なかまの精神と正面で向きあい、「語り」「問いかけ」「受けとめ」、そこから発達はみえてくる

◦子ども、なかまの精神と向きあう

◦受けとめる

◦発達の力と生活の現実を読みとる

◦「こう生きたい」というねがいを「受けとめ」、それを叶えるためにどうしたらよいかをともに考えられる私たちでありたい

Web連載「もうひとつの『発達のなかの煌めき』」はこちらから　→

どうはたらきかけたらよいのでしょう」という質問をいただきます。しかし、「受けとめる」は、指導技術のことではありません。私たちのような発達を診る仕事も、みなさんのような指導、支援の仕事も、子どもやなかまを、人間として大事にすること。これがすべての前提だと思うのです。「受けとめる」は、彼らが精一杯伝えようとしていることを、彼らに視座をおいて理解しようとすることです。

・発達の力と生活の現実を読み取る

そして、「受けとめる」で終わるのではありません。子どもが精一杯返してくれることのなかに、「こうありたい」「こう生きたい」という生き方へのねがいがあることを、「読み取る」のです。そこには、そのねがいを特徴づけるその子どもの「発達の力」と、具体的な要求となって現れる「生活の現実」があるはずです。実践記録、報告をまとめる時に、このねがいを「読み取る」努力をしているかは、なによりも子ども、なかまが、実践者に問いかけていることです。そのことの大切さは、次に白石恵理子がお話しします。

ここではもう少し、「発達の力」についてお話しします。

先ほどの3人の子どもたち、そしてリョウちゃんには、発達へのねがいを理解する「手がかり」がありました。ひろくんのお父さんへの期待の反応、アヤちゃんの「給食の海苔」、たかくんの船の櫓を漕ぐ動作。そして、リョウちゃんの毎朝の不安定さ。こういった「手がかり」に注目し、そこに大切な意味があるかもしれないと「受けとめ」、そのなかに隠れている「発達の力」を見抜く眼、読み取る眼が、私たちには必要なのです。子どものことを簡単にわかったつもりにならず、発達を学び、実践を通して職員集団のなかで確かめあい、より確かなまなざしを共有できるように努力することです。

発達の学習は難しいと毛嫌いされることがあります。私たちも昔は学生であり、その頃は、発達は難しい、とくに田中昌人さんの理論は難しすぎると言いたくなったこともありました。発達の理論が難しいのは、人間の発達が、「何歳で何ができる」というような平板な事実のことではなく、心のはたらきを秘めた、繊細で複雑な過程だから

です。難しいからと学習を躊躇する時には、子どもやなかまが「諦めないでくださいよ、私たちはもっと難しい社会の現実と向きあっているのですから」と言っているように思うのです。

その発達を学ぶ手助けになるように、「教育と保育のための発達診断セミナー」を開催してきました。「発達を学んでから、子どもの行動の奥にあるものに目が開かれた思いです」「子どもとの日常の景色が変わったように感じられます」などと感想が寄せられています。この学習運動は小さな一歩ですが、「発達保障」の「発達」を拡げ、それを守るための人の輪を広げていくために、大切な役割を果たしてきました。　　　（白石正久）

3　子どものねがい・親のねがいに学ぶとはどういうことか

2023年の8月号では、与謝の海養護学校づくりの中心を担った青木嗣夫さんを取り上げました。青木さんとは、何度かお会いし、伊根町の民宿で行われた全障研京都支部の合宿では、夜遅くまでお酒をのみながらいろいろと聴かせていただくこともできました。

与謝の海養護学校の『学校づくり宣言』には、「この学校は、"すべての子どもにひとしく教育を保障してほしい"と要求する障害児の父母と、障害児教育に直接かかわっていた障害児学級担任を中核とする、地域ぐるみの十余年の運動の中で設置をかちとった学校である」と書かれています。しかし、その道のりは決して平坦ではありませんでした。

戦後になってようやく、新しい日本国憲法のもとで、すべての子どもが天皇や国家のためではなく自分のために教育を受けられるようになりました。学校教育法に新しい教育制度が明記され、都道府県は盲・聾・養護学校を設置しなければならないとされたのですが、その施行の期日を定める施行令は養護学校についてはなかなか出されませんでした。文部大臣の約束も数回にわたって反故にされた結果、学校教育法制定後、実に31年間も先延ばしされ、1979年になってようやく都道府県が養護学校を設置する義務の実施になったのです。その間、多くの障害のある子どもたちは、就

学猶予・免除制度によって、教育を受けるという当たり前の権利をはく奪され続けました。

　この31年間は、全国各地で、障害児者、父母、教師たち関係者が運動を展開していった月日であり、その粘り強い運動のひとつが、与謝の海養護学校づくりでした。与謝の海養護学校は、義務制実施に先駆けること10年、1969年に高等部、そして翌1970年に小学部・中学部・高等部・青年期教育部、訪問教育部等のある学校として本格開校しました。青木さんたちは、その学校づくりにおいて、「要求に学ぶ」ことを徹底的に大切にしていきました。

　当時、青木さんは、地域の小学校の障害児学級、今の「特別支援学級」の担任だったのですが、他の学校の障害児学級担任の先生たちと一緒に、一軒一軒家庭訪問をし、不就学をなくすために親と話し合いを続けていました。ある時、家庭訪問から戻ってきた先生が、子どもなんかじゃまものみたいに言う親の言葉に腹がたったと報告します。その親御さんは「あの子がいると仕事ができん」「先生らが新しい学校をつくるというのなら、そこに入れてもいいけど、寄宿舎に入れてもらわないと困る」と言ったそうです。この親のことばをどうとらえるべきか、先生たちは話しあいます。「手がかかるからといって手元から離したいと考えるのは親のエゴではないか」という意見や、「子どものためにはやはり家で生活することが大切なのではないか」という意見が出ます。しかし、時間をかけて話しあうなかで、この親も本当は"子どもといっしょに生活したい"とねがっているのではないか、しかし、そうした当たり前のねがいをもつことすらも許されない現実の生活の厳しさが重く存在しているのだろうと、親の生活に思いをよせていきます。そして、生活に追われる日々のくらしの中で、「この子にキチッと教育ができない」というやるせなさが、「せめて寄宿舎で指導してもらえたら…」との要求につながっているのだろう。それは、子どもの将来にねがいをかけた要求であり、今の親自身の生活を切り開く生活要求でもあるのではないかと捉えていきます。

　障害児学級での教育に対しても、「文字をしっかり教えてほしい」「宿題を出してくれ」という要求もあれば、「勉強なんかよりもっと職業教育をしてほしい」という要求も出されてくる。その一つひとつの要求をそのまま理解し受け入れるだけではなく、そうした要求の奥底にあるものは何かを正しく追求していくことが必要なのではないかと考えていきます。なかには、「障害児学級はいやだ、勉強ができなくてもよいから普通学級で」という要求が出されることもあるのですが、そこには、「勉強できないからと差別されることなくのびのびと育ってほしい」というねがいが潜んでおり、事実の問題として差別が存在することに対する憤りでもあるのではないかと語りあいます。

　「要求に学ぶ」というのは、要求そのものを学ぶことだけではなく、要求が出されてくる生活の現実を想像し認識することであり、より深いところで要求を捉えなおしていくことであり、そして、眼前のことへの要求の先にあるものを想起することで、未来を切り開く要求を探っていくことでもあるのです。この視点は、子どもの要求に学ぶ際にも通じるのではないでしょうか。

　先ほど白石正久が述べた「要求を受け入れるのではなく、受けとめる」ということについて、もう少し考えてみましょう。

　保育園の1歳児クラスで保育者がいちばん悩むのは、子どものかみつきですよね。ことばが出始める前後の子どもたちが、友だちにかみついてしまうことに対し、そこには、友だちの持っているものがほしいとか、子どもは意識していないけれど、友だちにかかわりたい要求を太らせてきているのではないかと捉える視点はとても大切だと思います。ただ、その要求をそのまま受け入れることはできません。そこで、先生たちは保育環境全体を見直し、もっと子どもたちが遊びこめる場にしよう、ことばで伝え合うことは難しくても、水などの"変化する素材"を介して友だちにかかわる手ごたえを感じていけるようにと保育の工夫をしてきました。表面的な要求の裏側にある子どもの発達のねがいに目を向けてきたわけです。

　連載第Ⅰ部第11回（2023年2月号）では、「9歳の節」にかかわって通常学級での実践を紹介しました。小学3年生で転校してきたケイタさんは、授業中の立ち歩き、教師の発問に反射的に答えてしまうといった行動が目立っていました。給

- 与謝の海養護学校の『学校づくり宣言』から
- 31年も先送りされた養護学校義務制実施
- 青木嗣夫たちは養護学校づくりのなかで「要求に学ぶ」ことを徹底的に大切にしていった
- 「要求に学ぶ」とは
  - ⇒ 要求が出されてくる生活の現実を想像し認識する
  - ⇒ より深いところで要求をとらえなおす
  - ⇒ 眼前のことに対する要求の先にあるものを想起する
  - ⇒ 未来を切り開く要求を探っていく

食で並んでいる子の列に割り込み、並んでいた子が「並んでいるのに…」とつぶやいたとたんに「うっさい」と怒鳴る。休み時間には、ボールを持って運動場に出ようとしている友だちの後ろから走ってきて、友だちが持っているボールをとりあげて先に遊び始める。「ぼくらがボール取りにいったのにな…」と子どもたちのなかにモヤモヤが残る。ケイタさんの自分勝手な行動に不満を抱きつつも、カッとなりがちな彼に正面から文句を言うことができずにいました。

担任は、他の先生たちに相談しつつ、暴言・暴力は「絶対にあかん」と伝え、トラブルのたびに学級で話しあいをもつことを繰り返していきました。そのなかで、ケイタさんは後から気づいて反省していること、集団で注意されると素直に謝れなくなることなど、彼の思いを代弁することにも努めていきます。しかし、それだけでは解決していかない。

そんな彼が変わり始めたのは、6月頃に行われた、リレーの取り組みでした。担任は足の速いケイタさんをチームリーダーの一人に推薦します。友だちのことも考えてリーダーの役割をはたしていったら、彼も変わるのではないかという思いだったのでしょう。はりきってリーダーになったケイタさんですが、チームのメンバーが転んだり、バトンを渡し損なったりしたとたんに「あほ、ぼ

け、なにやっとんじゃ」と罵声をとばしてしまいます。転んだ子は泣き出し、「もう、やりたくない」と言う子も出てきます。そんなある日の「帰りの会」で、別のチームの子が「今日、転んじゃったけど、リーダーの○○くんが"ドンマイ"言うてくれて嬉しかった」という発言をします。いつもは机につっぷして、聞いているのかいないのかわからないようなケイタさんが、この発言の途中から相手にしっかりと身体を向けて、食い入るように聞いていたそうです。そして翌日のリレーでは、彼は「ドンマイ」「ゴー」と声かけをするようになり、そこから少しずつ彼自身も、また彼を見るクラスメイトのまなざしも変わりはじめます。

このエピソードを担任から教えてもらい、ケイタさんの要求について考えました。彼が意識している要求は「リレーに勝ちたい」です。ただ、「勝ちたい」だけでは、友だちと自分への能力主義的な見方を強めるだけになってしまいかねません。リレーのリーダーになることによって、彼の「勝ちたい」という要求が、「あんなリーダーになりたい」という憧れをもったねがいにつくりかえられたのでしょう。「勝ちたい」という表面的な要求の奥に、友だちのなかで認められたい、友だちに必要とされる自分になりたいという発達要求が潜んでいることを、担任は感じ取っていたのでは

ないでしょうか。

　連載第Ⅰ部第7回（2022年10月号）では、お仕事が好きなのに、ある時、毎日のように仕事の材料を床にばらまいていたシンさんのことを取り上げました。2歳半ば頃の発達の時期にさしかかっていたシンさんは、「大きい自分になりたい」と車椅子のなかまの仕事の準備を手伝ったり、仕事で認められることが嬉しいという姿をみせていました。しかし、ケース会議のなかで、「そんな力があるのに、食べたいメニューを選ぶようなことが難しい」といった姿もみえてきて、そこに何か考えるべきことがあるのではないかという話になったことを覚えています。他のなかまのお世話をすることが要求というよりも、その後に職員にほめてもらうことが要求になっている。仕事の材料をばらまくことで、彼は注意をされるのですが、そうした職員からほめられる、注意をされるという「かけひき」にお互いにとらわれてしまっていて、それは本当の彼の要求ではないのだろうということも見えてきました。そこから職員たちは、粘り強く、「何がしたい」「何が食べたい」といった要求をひきだすことを大切にしていき、時間をかけて彼は自分の要求の主体になっていきました。彼の場合は、職員にほめられたい、という要求をただ受け入れるだけではなく、自分の意思で生活をつくっていくという発達要求を大事にしていったわけです。

　青年・成人期であれば、表に見える要求の裏側に、親離れの発達要求が潜んでいることも多いですよね。しかし、本人が必ずしも自覚していない発達要求を捉え、そこに向かって自分をつくりかえていくことは、本人にとっても、支援者にとっても本当にエネルギーを使うことです。

　支援者からすれば、おそらく、要求を受け入れることの方が簡単だと思います。ただ、それだけでは、周りとの関係をよりつらいものにしたり、能力主義的見方を強めさせることで自分自身をもそのなかに閉じ込めてしまったり、ますます他者に依存するような関係だけを強めさせてしまうこともあるのです。「要求を受け入れるのではなく、受けとめる」というのは、表面的な要求の裏側にある発達要求をさぐっていくことであり、そのためには、発達についての学びはもちろん、集団で語りあっていくことが不可欠です。一人で抱え込んでしまうと、子どもやなかまのねがいが見えてこないだけでなく、ねがいをつくることすら閉ざしてしまうのではないでしょうか。

　青木さんたちが大事にしてきた、要求が出されてくる生活の現実を想像し認識し、より深いところで要求を捉えなおしていくこと、今の要求の先にあるものを想起することで、未来を切り開く要求を探っていくこと…このことの意味を今一度かみしめたいと思います。

　さて、こうした「要求に学ぶ」姿勢は、集団づくりにおいても重要な意味をもちます。

　与謝の海養護学校の話に戻ると、学校開設当時、寄宿舎指導員も経験者が少なく、ただ食事や洗濯の世話をする毎日でした。寄宿舎という生活の場における教育とはどうあるべきか、子どもたちの集団をどう組織していくのか、模索する日々でした。

　ある時、一人の子が「僕たちだって、町へ買い物に行きたい。寄宿舎に閉じ込められたような生活をするのはいやだ。…外出させてほしい」と言ってきます。先生たちはその声を聞きつつも「他の子はどうなんや」と聞き返します。そのうち彼も「僕だけが言うとってもあかんなあ」と気づき始め、2〜3人で「買い物に行かせてほしい」と言うようになり、さらには、寄宿舎の委員会として要求を出すようになります。そこで今度は、買い物に行くとしたら、どういうことに気をつけなければならないかを考えます。そして、買い物に行く時にはきちんと報告すること、どこに、どうやって行くのかを計画することなど、子どもたち自身の力で規律がつくられていきました。

　それはとっても息の長い取り組みなのですが、「こうしたらこうなるよ、だからこうしたらいいんだ」と教えるだけでは、子どもや子ども集団を育てることにはならないと先生たちは考えていたのでしょう。一人の要求で終わらせるのではなく、要求をよりあわせていくなかで、集団が育っていくという実践的確信になっていきました。

　こうして青木さんたちは、子どもの要求に学び、親の要求に学び、粘り強く学校づくりを進めていくわけですが、同時にそこには「教職員のしごとに対する要求が、実は大きく働いていたの

だ」ということに気づかされたと言います。教師は、日々の実践のなかで「この子を一人の人間として大事に育てたい」「みんながわかる教育を進めたい」と考えるわけですが、そう考えれば考えるほど、障害のある子たちの教育要求を守ることの必要性もより深く認識するようになっていったのです。

「友だちがほしい」「学校に行きたい」という子どものねがい、「より豊かな条件の中でより豊かな発達を保障する教育実践がしたい」という教師のねがい、「せめて週に1時間でも学校で教育を…」「もっと設備のととのった学校で教育を…」との親のねがい。これらが単に個人の願望としてではなく、親の集団、教師の集団、親と教師の集団の中で相互に学びあう関係ができることによって、要求が共通の認識になり、集団の要求として確立していきます。集団が統一された要求をもつ時にはじめて集団そのものの力量が高まります。それは決して、さまざまな要求を「最大公約数的にまとめる」のではないと言います。学校に行けなかった子の“学校へ行きたい”という要求も、通常学級の中でよりよい教育を求める要求も、そのままでは、一見、相矛盾するように見えることもあるのですが、その奥に「すべての子どもにとってより豊かな教育権の保障をねがう」という本質があるわけです。その本質の前にたじろがず、粘り強く要求をつないでいくことが大切なのだと考えます。　　　　　　　　（白石恵理子）

4　発達保障の未来への大いなる希望をもって

（1）発達の矛盾は、人と人を結ぶ絆

一人ひとり、そしてそれぞれの集団の要求が、「みんなの要求」としてよりあわされていく時に、集団は、職場、地域、社会を変える力になっていく。今、そう学びました。そうなるための、「発達の共感」の大切さを、ふたたび、考えてみたいと思います。

連載「発達のなかの煌めき」でお話ししてきたように、発達は発達へのねがいと、ねがい通りではない自分の間に矛盾をひきおこします。その矛盾が生まれ、大きくなることによって、それを乗り越えようとして発達が動き出すのです。しかし、ねがい通りにはならない現実の自分と向きあうのは、苦しいことです。

障害のある人びとは、発達の矛盾だけではなく、障害という「二重の困難」に立ち向かっています。親を困らせる行動の裏にも、障害を背負いつつ矛盾に立ち向かう心があるんだと、お母さん、お父さんが気づかれたときに、「抱きしめてやりたい思い」になったと言われます。この思いこそ、そこに「発達の共感」が生まれている証だと思います。

実は、おとなも、子どものころから、何度かの発達の矛盾を乗り越えてきました。おとなになっても「人生の節目」に立たされることが何度もあります。

そんな私たちに対して子どもは、おとなの身につけた知恵や職業的使命感からではなく、昔、自分のことを肯定できずに苦しんだ人間として向きあってくれないかと言っているようです。子どもの心を追体験して、わがことのように受けとめられるおとなに出会った時、子どもは安心してその人に指導や支援を求めるように思います。

実は、おとなどうしの関係でも「発達の共感」は生まれます。先ほどお話ししたリョウちゃんの担任の先生は、家庭訪問の時に、離婚してひとり親で、昼間は介護の仕事、夜中はコンビニで働きながら、リョウちゃんを含む3人の子どもを育てているお母さんの現実を知りました。子どもをみる目や指導技術を高めて、力のある教師になろうと思っていた自分が、子どもと家族の歯を食いしばって生きる日常が見えていなかったことに気づき、胸が潰れる思いになりました。そして突き動かされるように組合に入り、子どもと家族が幸せに暮らせるために、教師としてできることは何かを、同僚とともに問い始めました。

そうやって、私たちおとなも自分の至らなさに打たれ、他者に視座を転じて、自分の生き方を問うきっかけを与えられるのではありませんか。そこから、自分の生きること、働くことの意味がみえはじめるように思うのです。

（2）新自由主義の発達否定、人と人との分断に抗して

・発達保障の理念への攻撃

　さて、「発達のなかの煌めき」の第Ⅱ部では、「発達の共感」が生まれる実践や生活の場をたどっています。「発達の共感」が成り立つ人間関係は、手をつなぎあう集団となり、要求を共有して社会を変えていく力になります。だからこそ、今のままの政治や経済を維持しようとする人びとにとって、それは好ましいものではありません。

　私たちが大学に入学した1978年春、「みなさんの運動に応えて学校をつくりましょう。人間を大切にするとはこういうことだという意味で、日本一の学校をつくりましょう」と与謝の海養護学校の建設を約束し、28年間続いた京都の蜷川民主府政は終わりました。この府政を支えた社会党、共産党の革新統一に楔が打ち込まれたからです。その後、青木嗣夫さんに対して、校長として１年ごとに異動が強要されるなど、理不尽な人事が繰り返されました。しかし、青木さんはこう語りました。「私は最後の最後まで務めようと思いました。そのときに私を支えてくれたのは、筋ジストロフィーの子どもたちや、難病の子どもたちが、やがて自分の体はだんだん萎えていって、終わりになってしまうことを知りながら、なお自分で命を輝かし続けているではないかということです。（中略）あの子どもたちが最後まで灯し火をともし続けるように、私も教師としての灯し火をともし続けなければ、彼らに対しても申しわけない。そんな思いで最後まで務めることにしたのです」（『未来をひらく教育と福祉』文理閣、1997年、219ページ）。

　そして1995年、66歳で亡くなったころから、青木さんが「何は失っても、最後まで守らなければいけないもの」と言われていた発達保障の理念への攻撃は強まり、そういったことを研究する研究者は不適切として学校の共同研究から排除され、「発達保障」という言葉を使う自由も制限されました。そして、さまざまな分断が職場にもちこまれました。

　そういった経過を身近にみながら、私はむしろ、このあからさまな学問や教育の自由への攻撃にこそ、発達保障の理念の大切さ、消えることのない灯火が映されていると確信を深めてきました。人間の良心は、一度は消えそうになっても、必ず新しい灯火となって輝きます。ふたたび、この理念に心打たれた誠実な青年教師が、子どもの要求を何より大切なものとして耳を傾け、家族が厳しい生活の現実とたたかう姿に心を寄せ、学校や社会を、手をつなぎあって変革していく日がやってくる。そのために、今は、仲間を拡げて、深く発達保障を学習し、学校の内外で子どもや親の要求を聞き、それを叶えるために知恵を出しあうべき時です。何より全障研が、歴史の負託に応えて、発達保障の理念を胸を張って伝えようとしているかが問われています。

・新自由主義と分断・孤立

　さて、発達保障の理念への攻撃は、このように表立って露骨に行われるだけではなく、じわりじわりと進むものがあります。

　障害のある人びとの福祉における契約制度は、実は発達保障の否定そのものです。「サービス」と言われる支援を、「利用者」と言われる人が、「契約」によって「商品」として買い取る制度になりました。その背景には、新自由主義的な福祉制度の改変がありました。新自由主義とは、経済に対する国家の介入を小さくして、市場の競争による価格の自由な動きに任せて、経営の活性化、効率化を図ろうとする経済理論です。

　そして福祉施設も市場経済に投げ込まれ、経営などとは無縁であった施設管理者も「そろばん」を持たされ、職員は「利用者」のニーズに相応しいサービスを提供することに苦心することになりました。それに関わる人びとは、いつも「経営を意識する人間」に変化せざるをえず、自分の持ち場で、クレームなく、経営にも貢献する成果を出さなければならないと考えて、しだいに個人主義に陥っていきます。

　一方、多くの場合は保護者である契約する側も、いろいろなキャッチコピーを前に、孤独で自信のない選択を繰り返すことになりました。「子どもにとって何が大切なのか」という胸を開いた話しあいが失われかけています。そのことは、「子どもの最善の利益」を問う意識が、育たない国家をつくることになるでしょう。政治と一体化した

経済のシステムは、じわりじわりと人びとの意識や人格に浸透し、変化させていきます。

さらに、職場のなかでは職務が細分化され、専門性のある職員を配置した場合には、報酬が加算される制度になりました。主任、副主任などの職位が、研修制度とともに導入されました。たとえば「保育所保育指針」では、「職位や職務内容等に応じて、各職員が必要な知識及び技能を身につけられるよう努めなければならない」となりました。そして、旧指針にあった大切なものがなくなりました。それは、「職員同士の信頼関係とともに、職員と子ども及び職員と保護者との信頼関係を形成していく中で、常に自己研鑽に努め、喜びや意欲を持って保育に当たること」です。

専門性や職位によって横のつながりが希薄化され、自己責任で自分の専門性の向上に努めることが「職員の育ち」だとされるのです。その責任に応えられないと悩み、自分のことを責める職員がいることでしょう。職員の育ちを、個人的な「知識・技能」の習得に閉じ込め、学びあい、話しあい、認めあいを通して、人として豊かに発達していくきっかけを奪うことになるでしょう。人と人がつながることへの、意図的とも言ってよい分断がもちこまれているのです。

苦しい空気が職場をおおっています。こんな時には、時に流されるのではなく、一度立ちどまって、自分たちが大切にしてきたことを振り返り、自分たちの後ろにどんな道ができているかを確かめてみたい。私たちは、そう思っています。

・発達の共感を結ぶ「過程」の大切さ

全障研は、職員どうしも、職員と保護者も、子どもやなかまのねがいを真ん中にして、互いの思いを語りあい、知恵を出しあいながら実践や運動を創っていく、その「過程」、プロセスを大切にする研究会として56年を歩みました。その「過程」は骨が折れるし、時間がかかります。だからこそ、価値があるのだと思います。

一人ひとりを大切にする集団なればこそ、思い、ねがいには食い違いやぶつかりあいが生じるし、互いの人間性への不信にもなります。それらは、集団のなかに生まれる矛盾です。しかし、おとなも子どもと同じに発達の矛盾をもつ存在である以上、自分の考え方にしがみつくばかりではなく、そうではない考え方や生き方にも心の窓を開いているのではありませんか。そして、同じ志のもとにつどった仲間であることを忘れたくないと思います。

集団のなかにある矛盾は、個人の発達の矛盾を呼び起こし、個人の発達が集団の発達へとつながっていきます。そんな「過程」、プロセスを、粘り強く大切にしたいと思います。

糸賀一雄さんが、近江学園20年を振り返って、『この子らを世の光に』（柏樹社、1965年、19ページ）で残した言葉があります。「およそひとつの仕事が歴史のなかでその位置を占めるためには、なんとたくさんの要素がはたらいているものであろうか。そこには、支えや協力だけではない。若い芽をつみとろうとする暴力、悪意、ねたみなど、人間的な、あまりにも人間的な臭気さえ立ちこめるものである。そういう背景や環境のなかで、ひとりの人間が、そして多くの同志たちが、戦い、結合を深め、支えあって仕事がすすめられる。しかし、同志といわれ、内輪のものといっても、生身の人間である。考え方や生き方の相異があり、発展がある。喜びもあれば絶望もある。われわれは何時も、はじめにもどり、めざすものは何であったか、自らに問い、人にも問い、確めあって、今日まで辿ってきたのであった」。

（3）「発達保障のサークル」よ、この国の隅々に起これ

さて、講演の終わりが近づいてきました。

私たちの大切にしてきた「発達の共感」とは、勝利を喜びあうような共感ではなく、互いが弱さ、苦しさをもつゆえの共感です。本当に苦しい思いをしている人、どうやって歩みだしたらよいかわからない人に対して、それをわが心として感じることができる力を人間はもって生まれてきます。もちろん、その共感にあえて背を向ける人、敵視する人、その心を失わざるをえない経験をした人など、社会の現実のなかでさまざまな人格を形成していくわけですが。

私たちには、すべての人の「共感の心」を信頼して、障害をもって生きる人びとや家族のことを、もっとしっかりと伝えていく役割があります。そのために、『みんなのねがい』や『障害者

問題研究』は、大切な役割を果たすことでしょう。

　今、この雑誌の「読者会」が拡がっていると聞きました。オンラインが新しい可能性を広げています。その一つひとつが大掛かりではなく、仕事が終わった後に疲れたからだでも参加できるし、参加すれば元気になるとのことです。

　全障研という研究会は、職場や地域での「サークル」を活動の単位としています。「読者会」も一つのサークルです。職場のサークルは、『みんなのねがい』の学習や、各自の実践記録、報告の討議を重ねています。気のあう仲間だけではなく、苦しい思いの同僚、うまく話せず書けずしんどい思いの同僚がいるならば、「ここに、あなたの椅子は用意しているよ」「なんでも話していいんだよ」と迎え入れられるような場でありたいと思います。いっしょに『みんなのねがい』を読みあいませんかと、まず、あなたが仲間を誘ってみることから、始まるかもしれません。

　地域のサークルは、障害のある人、保護者も集い、今の生活やわが子の育ちを、涙しながら語りあう場であったりします。教員、指導員、保育士、退職者、いろいろな仕事をしている人が、それぞれの視点から話しあえることが素晴らしい。

　あえて、「発達保障のためのサークル」とここでは名づけましょう。みなさんの身近なところで、とくに地域のなかでサークルがつくられ、やがて隅々に広がっていくことをねがいます。職場で集まりにくい時には、地域のサークルをつくってみましょう。すでにそういったサークルを続けてきた方がたは、ぜひ、経験を聞かせてほしい。今、『みんなのねがい』で連載されている広島の乳幼児サークル「仲間がいっぱい　ひろしまの療育」は、つながりあい仲間を広げることが、地域の発達保障の土台を築くことになると、教えてくれています。こういったサークルには、全障研をとても大切なものと思い、人生をかけて全障研とともに歩んできた仲間が、必ずいることでしょう。

　そして、そのサークルは、当事者としての障害のある人、家族の生活や要求が語られる場であってほしい。そして、生活現実への想像力をたくましくしながら、手をつなぎあう集団にしたいと思います。

　私たちも、みなさんも、人生のどこかで、障害のある人びと、親・家族の人生と出会い今日を迎えています。その出会いがなかったならば、自分を見つめ、自分の生きる意味を問い直す機会も与えられなかったでしょう。その出会いによって、自分中心であった認識と人格が、他者へ、そして社会へと視座を移し、他者や社会から自分の生き方を問い、自分という人間を変革していくことが

できる。そんな「発達保障のためのサークル」を広げていきましょう。

　分断と孤立が進む社会に対する私たちの答えは、これまで歩んできた全障研の発達保障への道を信頼して、もっと力強く、もっとたくさんの人たちと手をつなぐ努力をしながら、胸を張って歩いて行ったらよいということです。

（白石正久）

おわりに

　私たちが暮らし、大学の教員として働いている近江の国（滋賀県）は、糸賀一雄さんの遺した「この子らを世の光に」をはじめとして「光」という言葉が特別の意味をもつ風土です。琵琶湖に雲間から一条の光がさして、湖面に光の舞が広がっていきます。寒い季節のこの光の舞は美しく、糸賀さんは故郷、鳥取の冬の日本海を思い出すと言いました。

　私たちの恩師である田中昌人さん、田中杉恵さんは、1980年の『みんなのねがい』新春対談のむすびでこの光のことを語りました。発達のなかに一条の新しい質が生まれ、やがてひろがり、輝きを増していく、可能性の泉としての発達の光。そして、障害のある人びとの生涯をつつむ闇を、真理・真実の力で明けさせる光だと。私たちの連載「発達のなかの煌めき」は、発達のなかにある光を、みなさんとつながることで、「世の光」として煌めかせたいとねがって、書き進めてきました。

　今、世界の戦火は消えず、「新しい戦前」と言われるように、私たちの国は核の抑止力にすがり、軍事費を倍加して、ふたたび戦火を交える準備をはじめました。こんな時こそ、いのちの大切さを、そして発達のすばらしさを伝えていく発達保障の理念は、輝きを増していかなければならないでしょう。

　天からさす一条の光にはなれないけれど、地上の燭台の上のろうそくの灯火となって集い、闇夜を照らすような存在になりたいとねがいます。そのろうそくは、輝きだけではなく、一本一本が、暗く寒い世に温もりを広げる、希望の光でもあることでしょう。

　広島原爆忌、長崎原爆忌を前に、平和への祈りを込めて。ありがとうございました。

大会アピール

　2023年8月5日、6日、私たちは「つながるつなぐ＃発達保障＃みんなのねがい」をテーマに掲げ、オンラインコミュニケーションシステムを用いて、第57回目の全国大会を開催しました。

　2020年の新型感染症の拡大から4年目、政府はCOVID-19の感染症法上の位置づけを引き下げましたが、感染症の流行そのものが終息したわけではありません。私たちのなかまのうちには、いのちと健康を守る上で細心の注意と配慮を必要とする人たちがあり、そうした人たちの身近で暮らし、働く家族や職員がいます。そのことに十分に意を用いつつ、出会い、集い、語り合う研究会の新しいあり方を創り出すために必要な時間をかけたいと考え、今年度の大会は完全オンライン開催としました。全国各地から1000人を超える方の参加を得て、充実した研究大会を開催することができました。

　大会基調報告は、各ライフステージにおける発達保障の課題を示し、困難の中に潜むねがいを深くとらえること、つながって学び合うこと、私たちの足元から平和と人権を展望することなどを訴えています。白石正久さん、白石恵理子さんによる記念講演では、月刊誌『みんなのねがい』での連載とも響き合いながら、障害のある人たちやその家族と永年にわたって寄り添いながら臨床と研究を進めてきた経験をもとに、障害のある人たちの発達要求をとらえること、障害のある人とその家族のねがいに学ぶことなどの意味が提起され、発達保障という考え方の今日的な意義と課題について深く考えあいました。

　19のテーマの下に開かれた分科会には、全国から58本（フォーラム含む）のレポートが寄せられました。いずれも、障害のある人々とその家族のねがいを知り、それにこたえる実践を作り上げていくための貴重な努力を示しています。ライフステージごとのフォーラムでは、障害のある人たちの権利保障をめぐる今日的な課題を語り合い、学び合いました。4人の講師による学習講座もまた、障害のある人たちとその家族のねがいに応えるすじみちと、その今日的な課題を学ぶ機会となりました。記念講演と学習講座は、9月中旬まで配信します。開催日程では大会への参加がかなわなかった方にも、ぜひその内容を伝え、学びを広げたいと思います。

　昨年9月の国連・障害者権利委員会による総括所見は、この国に暮らす障害のある人たちの人間的諸権利の実現にむけて、「障害」の認識のしかたや、権利保障の基本的な考え方から始まって、暮らし、教育、労働、政策決定への参加など、実に多面的な課題が残されていること、それらに対する政府のとりくみがはなはだ不十分なものであることを指摘しました。国連によるこの指摘を深く学び、総括所見を、障害のある人たちの権利を保障する方向で生かしていくうえでも、私たちの研究運動の役割は大きいものがあります。私たちは、一人一人が、お互いの力を尽くして、目の前の障害児者・家族のねがいに学び、障害者権利条約と総括所見を活かして、障害のある人の権利保障、発達保障を進めたいと思います。より多くの方が、この取り組みに参加し、力を寄せていただくよう呼びかけます。

2023年8月6日
全国障害者問題研究会　第57回全国大会（オンライン2023）

第２部　分科会・フォーラム報告

保育所等および専門施設における保育・療育の実践（1）

1　発達のおくれ、知的障害ほか〈A分散会〉

共同研究者　小渕隆司（北海道）松島明日香（滋賀）
司会　坪倉吉隆（京都）吉田文子（東京）
参加者　45名

レポート

「安心できる人とのかかわりの中で成長してきた
　Tくんの姿」　　　　　　　　東京　髙野菜月
「チームで繋いだ支援の輪〜積み重ねることの大
　切さ〜」　　　山梨　飯室智恵子・押田幸子

◎集団の中で“自分が認められた”と感じること
──髙野レポート

報告　児童発達支援センターわかくさ学園に3歳
児から入園したT君の3年間の取り組みと現在の
姿について報告しました。

　T君は入園時、お友達との適切な関わり方がわ
からず手が出ることが多く、またわざと嫌がるこ
とをして気を引こうとする姿がありました。それ
らの行動の背景には、大人やお友達への警戒心
や、自分の気持ちを言葉にすることの苦手さがあ
ることに気づき、まずはわかくさ学園が安心して
過ごせる場所になることを目標に関わりました。

　大人との関係ができてくる中で、少しずつお友
達への興味も膨らんでいきました。自分の行動で
喜んでくれるお友達の存在がきっかけで、「この
子ならいいよ」といったやりとりや、自分から気
持ちを寄せる姿も増えてきました。2年目、3年
目とグループが変わっても、いろいろなお友達に
気持ちを寄せる姿がありました。関わりたい気持
ちが強くなる一方で、思い通りにならなかった
り、イライラしたりすることも増えましたが、気
持ちを言葉にする姿も増えてきました。3年目に
はお友達と思いの食い違いがあっても大人が間に
入りながら気持ちをコントロールする姿も見られ
るようになりました。

　T君の安心感を大事にするために、否定せずに
関わってきたことが大人への安心感・信頼感につ
ながっていったのではと話されました。集団の中
で“自分が認められた”と感じる経験がT君の気

持ちの変化につながっていったと思われる実践報
告でした。

討論　共同研究者の松島さんは、①保護者への子
どもの様子の伝え方も丁寧にされていたことか
ら、それぞれの事業所での保護者支援について、
また、②子どもにとって集団の影響は大きいの
で、グループづくりで何を大事にしているか、の
2つを議論したい討論の柱に提起しました。

　保育園の参加者からは、お友達や保育者を叩い
てしまうことにどう対応したらいいのか悩んでい
ることが出されました。危険回避のため職員がつ
いている状態があったが、グループ分けをして、
一緒に遊びやすい子と同じグループにすると落ち
着いたとのことでした。髙野さんは、T君に対し
て相手の気持ちなどしっかり伝えることは伝えて
きたこと、安全面で止めなくてはいけないことも
あったこと、同年齢の集団に受け入れてもらえな
かったことがつらかったのだと思う、と言い、さ
らに療育の中で“自分を受け入れてもらえた”と
いう実感をもつことにより変わったのではないか
と話されました。

　また、保護者の障害に対する学びをどう保障し
ていくかという質問がありました。ある事業所で
は、子どもの療育をしている間に保護者の学習会
を行い、その中で、療育で大事にしていること、
活動の意図や大人の思いについて伝えていると
のことでした。一方で、保育園にいる間に児童発
達支援事業所が子どもを保育園に迎えに来て療育を
受け、また保育園に送られる事例もあり、保護者
は子どもの様子を聞いたり療育に触れ合う機会が
ないため共通理解がつくりにくいという問題点も
あげられました。

◎子どもを真ん中に保育園とつながり合う
──飯室・押田レポート

報告　A君は児童発達支援センターひまわりに2歳児から年少まで週2回保育園と並行通園し、年中からはきょうだい児の就学の関係で保育園のみの登園になりました。A君の継続した支援、保育所への登園を支えるため、保護者の希望もあり保育所等訪問支援事業につなげることになりました。保育所等訪問支援でA君と関わりながら、保育園とどのように連携していくかという実践報告でした。

保育所等訪問支援で、保育園の先生とA君にどんな関わりが必要か、ねがいは何かを話し合い、「好きな遊びをお友達と一緒に楽しむ」「お友達を誘って一緒に遊ぶ」を目標にしました。そして大人が間に入りながらA君の思いを受けとめたり、思いを代弁したりすることを大事にしました。保育所等訪問支援でA君への直接支援を行う際も、園庭でどう遊んでいいのか困っているA君に、お友達の遊んでいる様子を具体的に伝えるなど、大人が間に入ってお友達とつながれるようなやりとりを大事にしました。また、たびたび登園が難しくなるA君や保護者に対して保育園・ひまわりの両方からのアプローチを大事にし、迎え入れるだけでなく家庭に訪問して支援する取り組みも大事にされました。

A君は定期的に登園することができるようになり、園での姿も変化していきました。安心感が生まれ、「Aくんも」とお友達に気持ちを寄せたり、「いや」「かして」など思いを言葉にすることも上手になっていきました。そういったA君の変化も保護者を交えて共有し喜び合いました。年長になり、「自分を見てほしい！」「認めてほしい」ねがいも強くなり、様々な場面で自信が見られるようになりました。保護者も最初は受け身だった姿が、関係機関がつながることで様々なところで相談するなど積極的になっていきました。

A君を中心につながりあうことで、よりよい支援につながった実践報告でした。

討論　各地の保育所等訪問支援の取り組み、より良い支援につなげるためにはどのような連携が大切か、家庭連携支援や保育所等訪問支援などの制度をうまく使っていくことについて討論が進められました。

ある参加者からは、巡回相談が根づいているところと、保育所等訪問支援を行っているところがあるが、市町村で差があると発言がありました。Y県では地域支援事業として心理職が年1回程度巡回相談を行っていました。市の部署が地域の保育園に巡回に行っているケースもありました。保育園や幼稚園など受け入れる側からは、いろいろな連携手段があってそれぞれやり方が異なるため、整理や把握が難しいという話もありました。

また、保育所等訪問支援で大事にしていることはなにかという質問に対しては、第一にその園の保育者の妨げにならないように指導的立場はとらず、一緒に考えるという姿勢を大事にしていると話されました。

◎2本のレポートから学ぶこと

髙野レポートのT君の実践は、安心できる人、場所を得たことで子どもの内から「ねがい」が生まれ、自らの心が動いた報告でした。また、グループ編成のあり方についても討議しました。活動への参加の仕方や楽しみ方は、子ども一人ひとり違います。大人が行動を止める行為がその子にはどのように映っているだろうかなど、意見を出し合いながら考えていき、大人集団もいろいろ表現しながら「職員集団」として実践を深めていくことが大切だと感じました。わかくさでの3年間は就学後も親子にとって大きな支えになるでしょう。そのようなつながりを私たちはつくっていかなければなりません。

飯室・押田レポートでは、療育支援も多様な支援プログラムがある中で、園の生活をどのようにつくっていくかを考えさせられました。「問題」や「課題」を取り出すのではなく、総体として子どもを捉えることが大切であり、常に子どもの味方なのだということが安心感へつながるのだと思います。「生活」「発達」の視点を気づかされた報告でした。

保育所等訪問支援はそれぞれの地域に合わせて使い方を検討していく必要があるでしょう。「切り離した支援」ではなく、子どもの「ねがい」を中心に見据えた支援がとても大切です。その子を支援する輪の中に保護者も参加できるようにし、一緒に支えながら考えていくことなど、連携の大切さについて学びました。　　（文責　坪倉吉隆）

保育所等および専門施設における保育・療育の実践（1）
1　発達のおくれ、知的障害ほか〈B分散会〉

共同研究者・運営者　木下孝司（兵庫）高橋真保子（大阪）
　　　　　　　　　　　瀧口直子（福岡）富井奈菜実（奈良）
　　　　参加者　14名（児童発達支援センター、事業所の職員、
　　　　　　　　　　　発達相談員、保育園園長など）

レポート

「1年過ごす中で見えてきた"自我"の育ち〜せんせい・ともだちと"いっしょに"大きくなったね！〜」　　　　愛知　玉村加奈子

◎レポート報告と討議

南部地域療育センターそよ風（児童発達支援センター）の指導員の玉村さんが、年長の1年間を担任したRくんの育ちについてレポート報告しました。

年長の初めは、やりたい気持ちはいっぱいあるものの、肢体不自由の障害がありできないことも多く、「自分の思い通りにいかないことがあると気持ちが爆発し1つ1つのことに泣いて怒り」というRくんでした。そんなRくんに対し、Rくんの「やりたい気持ち」を大切に丁寧に関わっていくなかで、自信が育ち、友達への関心もふくらみ、最後の「おいわい会」の行事では、自分がやりたい気持ちをおさえて友だちの姿を応援して楽しむこともできるという自我の育ちがみられたということでした。

参加者からは、「担任がR君の育ちを見ながら、細かくその時の発達課題をとらえて目標設定をして関わっていることが素晴らしい」。「やりたいけれど自信がなくて離れていく子どもの姿は、保育園や療育園の運動遊びの中でもみられるが、その子どもが挑戦できるように細かく遊びの設定を工夫して、子どもが「できた」という経験を積めるように援助しているところを参考にしたい」などの声がありました。

また、3歳まで在園した保育園の園長先生の参加もあり、保育園での姿を聞くこともできました。乳児からてんかん発作などの配慮の必要性もあったが、家庭の事情で保育園で受け入れ、保育園でも意欲的な子どもであったし、人が大好きな子どもであったので、その姿が職員にとっても保育の励みとなったということでした。参加者からは、保育園で「大人との関係をしっかり踏み固めてきた」こともRくんの育ちにとって大きかったのではないかという、レポートに至る前の段階で大切であったことの確認もありました。

そよ風の実践の中でRくんの自我の育ちについて大切であったことは、レポートに非常にわかりやすくまとめられています。

討論の中で改めて、3点の指摘があったかと思います。

①「子どもから出発しよう」を合言葉に実践されているというそよ風。朝の仕度も「決まっているプログラムだから」と大人が押し付けがちですが、Rくんが「やりたい」気持ちになるまで待ったり、自分から向かえるように丁寧に声をかけていっているところが素晴らしい。

②友達への関心をはぐくみ、関わり方を学ぶような「おはようのつどい」を積み重ねていくなかで、好きな友達ができ、「友達と一緒に〜したい」という気持がふくらむきっかけとなっていっている。

③お当番活動でも遊びでも、子どもが「やってみたい」「楽しい」と思えることを一番に考え、職員集団で議論、工夫を重ねながら実践をしている。

レポート討議の最後に、そよ風の他の参加者からも、実践を書く、まとめることで、実践をふりかえることができるだけでなく、報告者の当時の悩みや思いを知ることができてよかったという意見が出ました。玉村さんの報告は、保育者としての思いも非常にわかりやすく書かれていたので、読む者により実践がリアルに伝わるレポートで、読み応えのある学びの多いレポートであったと思います。

◎テーマに沿ったフリートーク

　午後は、2つのテーマに絞って、さらに意見交流を深めました。

1）障害がある子どもの家族の多様化と療育システムに生じている変化の実態を交流し、その課題や取り組みについて考える

　「以前は、定員を増やして、療育を必要とする子どもと保護者を受けとめてきたが、最近、定員割れし始めている。小集団での丁寧な療育を必要としている子どもたちはどこへ行ったのか。療育システムが崩れかけているのではないか」という問題提起を受けて、各地の状況を交流しました。

・大阪府吹田市は、以前は、乳幼児健診後、受給者証がなくても丁寧な療育が必要な子どもたちの親子療育の場があったが、コロナ対応に追われるなか、時間を短縮し回数も減らされた。コロナが収束しても減らされたままの状態が続いている。今後AIの導入によって健診項目がチェック方式になるのではないかとの懸念もある。

・大阪府堺市も、（全国各地の状況と同じように）就労する保護者が増えるなかで、これまでのような親子療育の保障が難しくなってきている。

・名古屋市は、児童発達支援センターの終了後に「日中一時支援」として、預かり保育をする制度がある。そよ風でも実施しているが、児童発達支援センターに通う子どもの保護者が就労しているケースはもともと少ないので、実際には利用者は多くはない。

　最近、健診・保育・療育の公的なネットワークにつながらないで児童発達支援事業所と直接契約し利用するケースが増える傾向にあり、これまで築いてきた療育システムが揺らいでいます。この流れはいずれ全国に広がっていくと思われます。各地域でその実態を把握することが必要です。また、現場で関わっている職員が、遊びと生活を通した全面的な発達を大切にしてきた保育療育の意義を再確認して取り組むことが大事です。

2）子どもの気になる行動（嚙みつき、強いこだわり、激しいパニック等）について考える

　「ここ何年か"嚙みつき"のある子が続けて入園してきた。コロナ禍で様々な活動が制限され、家の中で母親がかかりきりになっている生活が増えたことも影響しているのかもしれない。今悩んでいる4歳児のその子は、ことばはまだ出ていない。イライラの背景には、生理的な不快感や思い通りにできないことへの苛立ちがあるように思えるが、日々の保育の中で対応に悩んでいる」という参加者の発言を受けて取り上げたテーマです。

　参加者から、それぞれの実践を踏まえて、「クールダウンの方法」「一定の大きな生活リズムの見直し」「生理的に不快に感じているかもしれない状況（暑さ、のどの渇き、周囲のざわつきなど）の改善」「嚙みつきがある場面などの整理」「ことばだけでなく、本人にわかりやすい方法で見通しをもたせること」などの意見が出されました。また、「新しい想いや力が芽生えようとするときに、こだわりが増えたりパニックが激しくなったりすることがある。その子の中に、何か今までとは違う思いが芽生えているのかもしれない」という捉え方も必要との意見もありました。

　"嚙みつき"という気になる行動ばかりを見つめるのではなく、それ以外のその子の姿を丁寧に見つめなおすことも大事だということを確認しました。

◎まとめ

　最後に、共同研究者の木下さんから「新自由主義は、個人主義・競争主義に走らせ、自己責任という考え方が浸透し、人々を分断してしまいます。コロナ禍の制約された生活の中で、集団ではなく個別の相談や療育が増え、孤立する家族が増えています。今回の実践報告は、私たちに、乳幼児期の子どもとその家族にとって、集団での活動と楽しい遊びの大切さを再確認させてくれる報告でした」とまとめられました。そして、現場で感じている「何かが変わってきている」という不安に対して、現場で携わっている私たち自身が「これまで築いてきた療育システムの必要性や意義を再確認していくことが大事です」「行政の責任が曖昧になっていますが、行政の責任で実態調査する必要性があります」と、これからの課題を示唆されました。

（文責　瀧口直子・高橋真保子）

保育所等および専門施設における保育・療育の実践（2）
2　自閉スペクトラム症、発達障害〈A分散会〉

共同研究者　竹澤大史（和歌山）別府悦子（岐阜）
司会者・運営者　塚田直也（神奈川）横山園佳（東京）
参加者　74名（保育士、発達相談員、特別支援学校教員、
大学教員など）

レポート
「Kくんの"ねがい"を、みんなの"ねがい"に」
山梨　深田智子

◎はじめに～互いの存在を感じながら～

全障研大会の分科会をオンラインで開催するようになり、4年目を迎えました。この間、私たちは、オンラインで出会い、つながる生活に適応しながらも、心のどこかでは、相手の呼吸や表情、体の動きなど、対面でしか感じることができないリアル感やライブ感を求めていたと思います。

今回の分科会は、レポーターの深田さんが子どもたちの大好きな手遊びを紹介してくださり、可能な方は画面に顔を出し、「オンライン手遊び」を楽しむことから、始まりました。手遊びという文化を共有することで、雰囲気が和らぎ、何だかほっこり、あたたかな気分になりました。

また、深田さんのエネルギーが全体に伝わり、活気あふれる分科会のスタートとなりました。

◎レポート報告

深田さんが勤めているいずみ園は、42年前に重症心身障害児の保護者の方々がつくりあげた療育の場です。時代的な制約の中、「どの子らにも保育の場を、仲間づくりを」を合言葉にした療育の場づくりの運動のエネルギーや理念は、今も実践の通奏低音をなしています。

いずみ園は、1～6歳までの幅広い年齢の集団で保育を行うことを大切にしており、子どもによって毎日通園や並行通園、親子保育のみの利用など、様々な形態の実践が展開されています。

レポートの主人公K君は、2歳7ヵ月の時にいずみ園とつながりました。K君は、お母さん、祖母と3人で暮らしています。いずみ園とつながった時期は新型コロナ感染症による制限が徐々に強まり、家族以外の人とつながる機会をつくりにくい状況の中、日々懸命に過ごしていました。

初めて見学に訪れたK君は、お母さんにしがみつき、保育者とは一切目を合わせません。表情の変化を読み取ることもできなかったようです。それでも、入園式では、お母さんを支えにして、自分の名前が呼ばれると両手で応えたり、手遊びをしたりする様子が見られました。

深田さんたちが「さあ、ここから…」と思った矢先、緊急事態宣言が出され、K君が欠席する日が多くなりました。自宅からいずみ園へは本数が限られている電車やバスを乗り継いで行く必要があり、お母さんにとっても、K君にとっても登園するには、エネルギーを要する状態でした。それでも、深田さんたちが電話でお母さんの思いを受けとめ、励まし、支えるなかで、少しずつ、お母さんは、K君を連れて週1回の親子保育に参加するようになっていきました。親子保育では、K君はお母さんにギュッとしがみつき、離れることが難しく、少しでもお母さんが見えなくなると泣き続ける状態でした。深田さんたちはそんなK君の悲しさや寂しさを徹底的に受けとめ、関わり続けました。

そんな深田さんの根気よく、丁寧にK君の心に寄り添い、K君と一緒に日々の生活を楽しむ実践を象徴する活動が「水遊び」をめぐる取り組みです。以下、概要を紹介します。

初めての水遊び

初めてプールを目にしたK君は、大きな声で泣き叫びました。激しく拒否をするK君の姿を見て、深田さんはお母さんに家でのお風呂の様子を尋ねました。すると、K君の家には浴槽がなく、プールは生まれて初めて見た巨大な「水の塊」だったことがわかりました。

「Kくん、桶作戦」本当のねがいに応える

プールを見ると泣き叫ぶK君ですが、手洗いは嫌がらず、桶の中に入れた水に魚のおもちゃを浮かべると、チラチラと視線を向ける様子が見られました。そこで、深田さんたちは、水道場に桶を置き、その中に水を入れ、魚を浮かべてみることにしました。名付けて、「Kくん、桶作戦」です（ネーミングがいいですよねぇ）。

桶に水が入る様子を見ていたK君の手が一瞬前に出た様子を見逃さなかった深田さん。そばにあったお玉をK君に手渡してみました。するとK君はお玉で水をすくって魚にかける遊びを楽しむようになりました。深田さんたちはだんだんと大きな桶に変えるとともに、一歩ずつ桶をプールに近づけていきました。K君はプールには入らないものの、友達が楽しそうに水遊びをする様子に目を向けるようになっていきました。

指差しで伝える「もういっかい！」

「桶作戦」の翌年。お母さんも深田さんもドキドキの夏を迎えました。K君はそうした大人の心配をよそに自分から水着を出し、着替え、プールに向かうことができました。プールでは、「プールの神様（保育者）」が塩をまき、プール開きの儀式を始めました。パラパラと水面に落ちる塩を見て、K君が一本指を立て「もういっかい！」というねがいを伝えました！　さらに、K君は塩をつまみ、パラパラとプールに落とし、その美しい様子をじっと見つめて、友達や保育者に向けても拍手し、思いを分かちあいました。

この時期になると、K君は発声で思いを伝えるようになり、表現が多彩化し、ことばのつぼみが花開いていきました。

つながり、遊びの多彩化へ

「Kくん、桶作戦」に象徴されるように、深田さんの実践には、K君の「困った姿」「できない姿」が前面に出てきません。K君の素敵な姿に共感し、保育者も心底楽しむことを大事にしています。その中で、K君は自分や相手を信じ、人とのつながりを深め、遊びを拡げていきました。

3年目の運動会に向けた練習では、K君はグラウンドに「どてー」と寝そべり、堂々と絵本『だるまさんが』の世界を表現しました。その姿に保育者だけではなく、友達もびっくりし、共感の拍手が起こりました。それまでは保育者との関係を楽しむことの多かったK君ですが、この出来事をきっかけに徐々に友達とのつながりが生まれ、心を分かちあう姿が増えていきました。

心の揺れに寄り添う～発達はらせん階段～

現在K君は表情豊かになり、自分の気持ちを発声で表現するようになっています。一方で、これまで通っていたリハビリを激しく拒否したり、食事の時間に弁当のふたをブーメランのように投げてうれしそうに笑ったりするなど、これまでになかった行動が見られるようになっています。

深田さんは、こうした行動の背後にあるK君の本当のねがいに寄り添い、K君の発達を見つめる目と心を豊かに養いながら、実践を続けていきたい！と報告を締めくくりました。

◎討議やまとめの様子

討議の中では、豊かな療育実践を支え、子どもの発達を保障するためにも母子保健事業や乳幼児健診から療育・保育へとつなぐ仕組みを充実させていくことの大切さを確かめ合いました。

また、現在のK君が「物を投げる」理由について発達的な視点から意見交換をしました。自我が拡大・充実してきたK君は、生活や遊びの中で「手ごたえ」を求めており、そのねがいが「投げる」という行為として表現されている可能性が見えてきました。子どものねがいを探り、紐解いていく…全障研分科会ならではの討論でした。

共同研究者である別府さんから、発達の節目について丁寧に解説がされました。発達には、「平らな道のりと大きく飛躍する時期があること」、「発達の段階にはそれぞれに固有の心のありようがあること」など、子どもと心豊かに寄り添う手がかりを学び合いました。

竹澤さんからは、障害受容のプロセスや家族支援を進める上で大切にしたいことが話されました。家族を支える時には家族全体を包み込むように援助すること、子どもの障害を受容する過程は一人ひとり異なり、行きつ戻りつしながら進み、ゴールはないことなど、実践につながる視点を学び合うことができました。

さあ、いよいよ次回は対面の全国大会が実施されます。日々の実践を持ち寄り、リアルに語り合えることが楽しみですね。　　（文責　塚田直也）

保育所等および専門施設における保育・療育の実践（２）
２　自閉スペクトラム症、発達障害〈B分散会〉

運営者　神谷さとみ（広島）小針明日香（東京）鈴木希世佳（千葉）
　　　　長谷川貴一（広島）藤林清仁（愛知）

参加者　42名（児童発達支援センター・児童発達支援事業・こども園等・
　　　　放課後関係・OT等専門職・発達相談員・大学教員）

レポート
「SORATO てんりの実践」

奈良　深谷 心・釜田千晴

◎分科会のこれまでの議論

1）「過敏さ」の理解と受けとめ

　子どもの何を理解するか。いやなことへの「過敏さ」などよりも、子どもの自我や「ねがい」は何かを考え尊重することです。子どもにとって嫌なことをなくすよりも、いいことを増やすことを大切にします。それは、子どもの世界を広げることによって、相対的に子ども自身が「しんどい」と思うことを小さくしていくことにつながります。また、受けとめるのは子どもの思いだけではなく、保護者の悩みやつらさ、悲しみも受けとめていきます。

2）「安心」を保障する大人の存在

　子どもは安心感を与えてくれる大人を「心の杖」にして、新たな一歩を踏み出していきます。その大人への信頼は、子どもが自分を信頼していくことにもつながっていきます。

3）多彩な集団の大切さ

　子ども集団、保護者との関係、職員同士の関係など、子どもの育ちを支えるためには多彩なつながりをつくっていくことが大切です。子どもや大人の素敵な一面を認め合えるような集団、生活づくりを大切にします。そして、職員も安心した生活の中で子どもや家族を支えていくための労働条件や環境設備が必要だということを確認してきています。

◎今年度の課題

1）「安心感」をどうつくっていくか

　子どもにとって、「安心感」のある生活をどう保障しているか。また、保護者も「安心感」を持

てるような信頼関係のつくり方についても考えていきたいです。

2）子どもの「今」のねがいを大切にして気づく

　子どものねがいに気づくためには、子ども理解が重要になります。それは丁寧に受けとめていくことによってわかってくるものです。そのねがいをどう尊重し、生活へとつなげていくのか考えていきたいです。

3）保育所や幼稚園との連携とそこからわかる保育所や幼稚園での子どもの生活

　それぞれの立場から見た、役割や連携についても考えていきます。

◎レポート報告

　奈良の深谷さんと釜田さんから実践レポートが報告されました。SORATO てんりは、2023年4月に開所しました。新規開所をめざして地域の中で活動を開始していく1年間を経て、「自分のステキに出逢う」ことを大切に、治療や訓練が中心ではない生活や遊びを中心とした療育を実践されています。

　事例として取り上げるA君の実践では、ビデオで様子を紹介しながら、大切にしていることについて報告されました。実践についてのまとめは次の通りです。

　第一に、やってみたい気持ちを大切にして、もっと伝えたいという思いを育てることです。SORATOでは、「やらされる」ではなくて「やってみたい」を引き出す取り組みを大切にしています。「やらされる」ことや大人にできるかどうか「試される」という実践では、子どもの心は動きません。また、安心感のある場で自分で「やりたい」と思えたあそびができたことが、子どもの達成感へつながっていきます。さらに、子どもの心が動くことによって、「もっと」「やってみたい」

という思いが広がっていきます。

　気持ちをことばにしたいと思う時はどのような時なのか。まず、「もっと」と思う気持ちが大切で、そこから「伝えたい」思いが生まれていきます。それに、安心感を持てる場や状況が加わることによって子どもは思いを「ことば」にして伝えていきます。この「やってみたい気持ち」と「もっと伝えたい思い」がつながるような取り組みの積み重ねが大切にされています。

　第二に、子どものねがいにどう気づくかということです。子どもはみんな自分の気持ちをわかってほしいと思っていると考えます。しかし、子どもの気持ちは見えにくく、気づくのは難しいものです。そのため、子どものためを思って行うことが、大人の「こうなってほしい」という思いになっていないか注意が必要です。これは大人からみて今のうちに「こうしておいた方がよい」に置き換わりがちだからです。

　もうひとつ、人と関わるうれしさをたっぷりと保障することです。SORATOで大事にしていることは「子どもの思いがことばにつながる」です。ことばを話すということはトレーニングで話せるようになるのではなく、人と関わることのうれしさ、楽しさをたっぷり感じることによって、ことばにしたい思いを育てています。

　最後に、まとめとして大切にしたいことを話されました。一つ目に、子どもの「今」のねがいは何かを考えることです。ここで気をつけたいのは大人の思いが優先しやすいということです。こうしておいた方が将来役に立つという大人の思いにならないよう気をつけたいです。そして、大人の心配という気持ちも受けとめつつ考えていきます。

　二つ目は、一歩目を大切にすることです。まず、子どもがやってみたいと思える活動を考え、自ら取り組める条件をつくることです。また環境づくりとして、大人が楽しむ場や、ほかの子どもたちが楽しむ姿を見せて誘う工夫もあります。そして、子どもが取り組むまでの待ってもらえる時間をつくり、「ジブンデ」と気持ちが動くまでの時間を大切にして丁寧に積み重ねていくことです。

　三つ目は、保護者の本当の気持ちに寄り添うことです。大人も自分の思いを言葉にすることが難しい時もあります。また、もやもやとした不安に悩む時もあります。そんな状態の中で、職員にとって厳しい言葉が出てくることもありますが、本当の思いは何か、その思いをくみ取っていこうとする姿勢が大切ではないでしょうか。

　四つ目は、居心地の良い場所にするということです。これは、子どもと保護者にとってもよい場所だけでなく、職員にとってもよい場所であることが目指されています。

　大人も子どもも「自分のステキ」に出逢えるような実践を大切に日々の療育を続けられています。

◎討論のまとめ

　「あそびのつくり方」では、道具の工夫から苦手な感覚を忘れられるように遊びへ参加させる工夫を交流しました。また、安心感をもつには、子どもにとっても安全であるという意識が必要だとの意見もありました。順番として、「誰とでも」取り組むのではなく、「集団」で取り組むでもなく、「個別」でまずは取り組み、そこから広げていく遊びの考え方が話し合われました。

　「提案の仕方」では、自信のなさから取り組めない子どもには、遊びの難易度を変えて取り組む方法はどうかという話がありました。また、入りたくなるようになるまで何日も待つということから、「間のある対応」が大切ではないかという意見もありました。子どもたちが持っている感覚の世界を理解した上で取り組みを用意することも話し合われました。

　保育と療育の連携では、関係機関がたくさん話して子どもの見方を共有することが大切で、そのためには伝える言葉を共有していく取り組みが必要です。ひとりの子どもが併行通園する場合、療育と保育のそれぞれの役割を確かめながら、共通する子どもの見方や実践上の大切にしたいことなどを連携の中で時間をかけてつくり出していきたいものです。　　　　（文責　藤林清仁）

保育所等および専門施設における保育・療育の実践（3）
3　肢体不自由・重症児

共同研究者　石川孝子（滋賀）髙木 尚（東京）西原睦子（滋賀）
司会・運営者　安藤史郎（大阪）松元 巌（東京）
参加者　40名（保育所の保育士や児童発達支援・放デイの職員、
　　　　教員や発達相談員など）

レポート

「好き・楽しい経験を広げる、安心できることを
　増やすために」　大阪　宮野育子・平田奈津子
「"コレガ　ボクノ　キモチ。ワカッテホシイ"～
　保育者や友だちへの思いが芽生え、安心して表
　出することで確かになる自分を積み上げる～」
　　　　　　　　　　　　　　　　滋賀　村田愛子

◎これまでの到達点

　分科会をはじめるにあたって、これまでの討論の内容や到達点を共有しました。本分科会では、様々な身体的な制限のある子どもたちの、主体的な生活や遊び、ねがいを捉えた実践を深めてきました。身体的に制限があることで受け身の生活になりがちで、志向性の育ちや発揮に影響します。育んできた力を引き出すための工夫が必要で、本分科会ではそういった粘り強い実践、環境・集団づくりについての取り組みの報告がありました。

　前回のレポート・討議では、子どもが自分から外界に関わろうとするためには、欠かせない先生や友達との関係を築きながら、子どもが「安心できる」ことが大切だということ、それをなし得るのは子どもが今どんなふうに思っているかということをつかもうとして関わってきたからであり、子どもの表現に込められた思いを、発達を軸にしてわかろうとする職員集団の姿勢があったからということが確認されました。一方で、生活のなかでは、子ども自身に「さわりたい」「やりたい」といった志向性があるからこそ「さわりたいけど…」「やりたいけど…」と不安を感じ、安心できる人を求めます。大人との関係づくりだけに焦点をあててしまうことで子どもの思いを置き去りにしないように、ということも共有されました。

　食事や姿勢変換など肢体不自由の子どもと関わる時には職員にもドキドキ感があり、子どもにとって安心できる姿勢や関わりをつかむまでには時間がかかります。職員間での伝えあいの難しさがある中でも共有していくこと、保護者への丁寧な取り組みが必要です。仲間と紡ぐ生活、職員や保護者も仲間づくりを通して自信をもって子育てができる取り組みを広げていく必要性や、支援が多様化していく中で、他機関で連携して子ども理解を深めていくといったことも近年の課題です。

◎レポート報告

　大阪の児童発達支援センターの宮野さん、平田さんからは、療育に通う子どもの実践報告でした。日々、部屋の端っこで一人離れていることが多かったHくん。視覚で外界を捉えることに難しさがあり身体的な制約もあるために、特にからだを使った遊びで"たのしい"と思える活動が少なかったり、大人との信頼関係の築きづらさがありました。そんなHくんに対して、Hくんの好きな朝のつどいの活動を通して、流れを一定にしたり、形態や因果関係を捉えやすいように教材を工夫するなどして、活動に対する見通しをもつことで"わかった"と思って向かえることなど、Hくんが主体的に活動に向かえることを大切にしていきました。

　また、歩行器を使用しながらもHくんが"気になる"と思ったところへ移動できるようにしてきたことで、Hくんの中での"○○に行きたい"といったつもりも膨らんできました。"わかる"を大切にしたことで安心できる大人と一緒に外の世界に気持ちが向けられ、友達やいろいろな活動にも関心を寄せていった実践が報告されました。

　滋賀の保育所の村田さんからは、脳挫傷後遺症により、療育を経て保育所に通うことになったゆうくんについての実践報告でした。入所当初は、モノや人に働きかける意欲、感情表現の乏しさが

ありましたが、ゆうくんの思いを丁寧に確かめ、相談していくことを通して自分で生活を築いていく手応えを大切にしていきました。それをなし得たのは、なんだかいつもと違う…というゆうくんの思いに気づいた職員、大事なことを共有できる職員集団をつくってきたからです。

また、ゆうくんも含めてどの子にとっても思いを大切にされること、ねがいを自分たちで叶えていく経験を積むことで、相手の思いにふれあい、育ち合う集団へとつながっていきました。ゆうくんに対しては、持ちやすさなどに配慮した教材や活動を工夫して"これなら、できる！"と手応えを感じて友達とつながれる遊びをつくっていきました。保育所の集団の中で、時には小集団での活動も取り入れながらも、クラス担任だけではなく園全体でゆうくんや友達にとっての「自分の思いが大切にされる経験」を紡いでいった実践が報告されました。

視覚で外界を捉えることが困難な子どもへの姿勢や教材の工夫、職場で共通理解を築きながらどのように子どもを真ん中にした実践を紡いでいくのかといった悩み、肢体不自由の子どもにとっての主体性とは実際にはどういうことか、仲間も一緒に育ち合う集団をどうつくっていくのかなど、レポートを深める討議がなされました。

◎グループ討議

午後からは、レポート報告をもとにグループ討議を行いました。討議にあたって、共同研究者から討論につながる発言がありました。

・2つのレポートで共通しているのは、乳児期後半から1歳半の節に向かっていくところで、期待が育ち、期待を運んでくれる相手との関係性が変わっていく。さらに、モノや行為に埋め込まれた大人の意図、自分の意図を自覚するようになり、つもりが生まれてくるために子どもと相談せざるを得ない関係となってきた。

・拒否するということも含めて集団への関心、参加がある。安心できる大人を支えにしつつ、友達とつくる生活の意味、とりわけ保育所で友達も育ち合うことの大切さを話し合いたい。

・発達段階、感覚障害に対しての工夫で、「わかる」をベースにして選ぶ、決める、に結びついていく。選ぶことのベースには安心できる場所、わかってくれる人がいる。また、自分で決めるからこそ生まれる葛藤に共感していきたい。

・子ども理解を保育者集団で共有していく難しさや保護者も一緒になって考えていく大切さを交流したい。

各グループでは、頸のすわっていない子どもや

◎討論のまとめ・今後の課題

最後に共同研究者それぞれからまとめがありました。

2024年度には改正児童福祉法が施行されます。児童発達支援センターは専門性を求められていますが、保育・療育における専門性は、必ずしもリハビリや心理、○○メソッドといわれるような子どもを変えるためのスキルではありません。子どもへの関わりを通して主体性を育てることこそ保育・療育の専門性と言えます。

主体性を大事にするということは、子どものつもりを子どもの立場から読み解いていく必要があり、とことん職員集団で話し合う必要性があります。また、そのことで、子どもたちもつもりを自覚し、大人の関わりが変わり、集団が変わっていく。子どもたちが変わればその時期その時期で大切にすることも変わっていきます。それらを大切にする主体は、担任の先生、園・学校全体、地域、そして国です。レポートでは、子どもと保護者に共通して大切にしたいこととそれを支える条件の違いが報告されました。子どもたちのつもり、主体性を大切にできる条件をつくっていく大切さも課題として挙げられました。

（文責　安藤史郎）

4　通常学校における教育（通級指導を含む）

共同研究者・司会・運営者
川地亜弥子（兵庫）　篠田友子（埼玉）
八田由美子（京都）　宮本郷子（大阪）
参加者　43名（教員・発達相談員・児童発達支援事業・保護者など）

レポート
「特別支援教室実践報告〜私が子どもから学んだ
　こと〜」　　　　　　　　　　　東京　教員
「『わかった！』と思える瞬間は宝もの」
　　　　　　　　　　　　　　岐阜　足立紀夫

◎**通常学級、保護者との連携の中で**

　東京都・足立区の小学校の特別支援教室（区の通級指導教室の名称）の担当の先生から、Mくん、Aくんについて次のような報告がありました。なお、足立区は、全校拠点校方式（すべての学校で自校通級）を採用しており、子どもたちも担当教員もその学校にいます。

頑張り屋Mくん　弱視で、黒板を一文字ずつノートに写すことがやっとだけれど、優しく頑張り屋のMくん。特別支援教室は、週に2時間、2回利用していました。友達と遊ぶことが大好きでしたが、友達にちょっかいを出されるなど本人にとって嫌なことがあっても、相手に伝えることは苦手でした。学年が上がるにつれ、授業についていくことが難しくなる一方、特別支援教室へは生き生きと通級していました。特別支援委員会を経て、特別支援学級をすすめることにし、3年生の時、担任及び保健の先生と保護者とで面談を行いました。結局は保護者の意向により、通常学級で6年生まで進学することに決まりました。

　6年生になると、家庭で反抗的な態度をとり始めました。また、自分の思いをうまく伝えられないことに自覚が芽生えました。一方、学習に前向きで、集会委員会で全校児童の前で話す役割に立候補するようになりました。Mくんにとって、特別支援教室での活動は、学校でも家庭でも自己肯定感を高くもち、いきいきと過ごす力につながっていたようです。

　面談には毎回母親が出席し、6年生最後の面談では、「面談の30分間で、私自身も助けられていました」と言っていました。改めて、特別支援教室は保護者にとっても特別な支援をしていく場であると感じました。

自分のことを諦めてしまっていたAくん　知的な遅れはありませんでしたが、読み書きに対する抵抗感が強かったAくん。忘れ物、なくし物が多いのですが、物に対する執着は強く、必要なくなったチラシでも捨てられません。「頑張っても意味がない」が口癖で、自分を高めたい気持ちが薄いことを感じました。友達との関わりも上手ではなく、自分の悪かったところを振り返れますが、反省している様子はほとんど見られませんでした。また、別の子がやっても注意されないことも、Aくんだから注意されている場面がクラスで見られました。絵本の読み聞かせの時に「ぼくはいつもやられる側だもん」というつぶやきがあり、本人としては「やられている」という感覚だったのだとわかりました。

　成長は、常に担任にも報告しました。担任からは、「教室に帰ってきた時に、楽しかったって言っていました」と聞くことができました。課題は残るものの、自分を良くしようという前向きな気持ちが芽生えてきました。

　報告後の質疑応答では、通常学級の担任との連携の取り方について質問がありました。報告者からは、空き時間に話をするようにしていること、それは全校拠点校方式が採用されているから可能だと思うとの回答がありました。通常学級での過ごし方についての質問には、学習支援の人が限られており、時には通級の指導教員が通常学級の授業に入ることもある、報告者もそうだ、とのことでした。一方、スクールアシスタントとの区別などが難しくなることもあり、そうならないような工夫についても交流しました。

◎その子のペースを大事に

　続いて、岐阜県公立中学校の足立紀夫さんから、修平くんの成長を中心に以下の報告がありました。足立さんは5校の中学校を巡回して通級指導をする担当で、A中学校には週に一度、午後だけの訪問でした。修平くんは、理解力はあるものの、学習内容の定着に時間がかかるという困り感がありました。中学校に入学してから保健室等へは行くものの、通級指導には拒否感がありました。

　修平くんは、家庭では、農業用トラクターでお手伝いをするなど、作業を丁寧に行うことができました。A中学校の校長先生は、9月、学習に向かえない修平くんと将人くん（通級対象ではない生徒。保健室に行くことが多かった）が活躍できるよう、花壇を広げる作業を2人に依頼しました。この作業に2人は熱心に取り組みました。足立さんは10月から通常学級の授業を参観して修平くんの様子を見ました。2月に自分自身の失敗談も話したところ、修平くんや他の生徒たちがコミュニケーションを求めてくるようになりました。

　2年生の6月、時々保健室に来る里穂さん（修平くんと同学年）に足立さんが勉強を教える時間を学校の先生たちがつくってくれました。里穂さんは手応えを感じたようで、修平くんに「勉強楽しかったよ！」と伝えてくれたようです。翌週、保健室で里穂さんと修平くんの2人に対して指導ができ、里穂さんが「修平、頭いいね！」と言い、修平くんもおだやかな表情でした。1年3ヵ月の歳月を経て、里穂さんを交えて、修平くんとの通級の授業を始めることができました。その後も保健室で、修平くんに対して、基礎学習を通して自己肯定感と心の安定が保てるようにしていきました。通級の部屋ではなく保健室で行っているという課題はありつつも、先生たちの細やかな配慮と連携で、修平くんは学んでいきました。

　3年生になり、6月には修学旅行にも行けました。修平くんは、通級のプリントができても実力テストができないと訴え、足立さんは計算力を伸ばして高校入試の数や文字式の計算に焦点を絞った指導をすることにしました。

　修平くんの「わかった」という気持ちを大切に、成長を信じること、対等の人間として尊重し、その子のペースを大事にしながら指導する、その子が人生を楽しめることや力を発揮できること等の大事さがよくわかる報告でした。

　質疑応答で多くの人が発言される中で、通級の担当人数に地域差があることがわかりました。自校通級であっても、担当人数が増えると通常学級へ行くことが難しく、書類等でその子に必要な配慮を伝えるという方法を取らざるを得ないという実態も語られました。また、指導の場に柔軟だった（保健室でも指導できる）ことがよかったとの意見が出されました。さらに、小学校の土台が重要だったのではとの意見が出されました。報告者からは、小学校も大事である一方、中学校でもきちんと関係をつくっていくことも大事だと回答があり、小・中それぞれの担当者の連携が重要だという点を確認しました。

◎全体討論

　子どもも教師も同じ学校にいる自校通級重視の流れだが、完全な実施が難しい現状では、巡回指導（子どもは他校へ行く必要はない）は増えると思うが、週1回の訪問で担任と話す時間等の条件整備についての質問がありました。これは、学校によって違い、工夫が必要とのことでした。また、通級は低学年が後回しになると聞いたが、他地域はどうかとの質問がありました。ある地域の参加者から、むしろ低学年を重視しており、高学年では自己理解ができ自分から先生に助けてと言えるようにしている、高学年で二次障害が出ないようにと考えているとの回答がありました。

　学校が楽しいと思えるか、その子の輝けることをどう広げていくかが大事であること、通級でそうしたポイントを見つけ、それが通常学級でも広げられていくことが重要であると確認されました。スタンダード、学力テスト等の締め付けの中で、通常学級が安心できる場所であることが重要だと確認されました。

　分科会の終盤で、保護者の方から、お子さんが「ブッダは通級指導教室に行くといい。ブッダはずっと一人で悩んでいるけれど、悩みを解決できる場が通級だから」と言っていたという発言があり、どの学校にもそうした通級があるとよいとの共感が広がりました。　　　（文責　川地亜弥子）

5　障害児学級の実践、交流・共同教育

運営者　池田江美子(埼玉)　池田 翼(奈良)　石原真由美(埼玉)
　　　　大島悦子(大阪)　高橋翔吾(大阪)　森 敦子(高知)

参加者　40人（教員、放課後等デイ職員、就学前・成人施設職員、
　　　　保護者、専門職、大学生など）

レポート

「ともに学ぶを考える～小学校と併設された小規
　模特別支援学校」　　　　長野　下田有輝
「なかよし学級のこと、教えるよ！～わたしも大
　事にされたい～」　　大阪　文珠四郎悦子
「あべまき学級のAさんのこと」

　　　　　　　　　　　　　高知　泉谷博之
「通常学級から特別支援学級担任へ～悩みながら
　の２年間～」　　　　　　　　九里紀子

◎レポートと討論の概要

◇交流・共同教育

　実践の土台となる「基礎集団」が大きく揺らぎ
つつある現状から、すべての学校で、障害のある
子もない子も人格として大切にされる教育を保障
する必要があると考えます。

下田レポート

　特別支援学校と小学校が併設されている学校で
の運動会づくりについての報告でした。コロナ禍
による行事の見直しの際に、これまでの「あたり
まえ」を見直して運動会をつくろう、ということ
が２つの学校の教員の合意となったとのことで
す。走るための目標物とした教具として作成され
た「カラフルくん」は、不安の強いSくんの実態
から出発したものでした。実際の競技は、Sく
んが力を発揮できるものでありながら、通常学級の
１年生たちにとっても楽しい競技でもあったこと
が語られました。国連の総括所見についても冒頭
に触れながら、報告の最後には「お互いの教育の
場があって、でも、ともに過ごせる場もある。こ
れが大事ではないか」と提起されました。

　討論では、２校の職員が子どもを真ん中におい
て話し合っていることのすばらしさが確かめられ
ました。その土台のひとつとなったのは、下田さ
んたちが子どもたちに「学校ってたのしい！」と
思えるような取り組みをたくさん用意し、そこに
通常学級の子どもたちも分け隔てなく受け入れた
ことでした。それが教職員間で子どもの姿を共通
の話題とするきっかけとなり、子どもも教職員も
豊かに交流することにつながっていったのではな
いかとの意見がありました。

文珠四郎レポート

　全校800人、障害児学級が９つ（在籍57人）の
大規模な小学校での障害理解学習についての報告
でした。子どもたちへの事前のアンケートには、
知らないからこその率直な声があがるのですが、
この年は「特にありません」や「なかよし学級の
子だけずるい」といった声が多く、文珠四郎さん
は対等にみてくれていると思いつつ一種の冷たさ
も感じたようです。この「ずるい」のなかに「私
たちも大事にされたい！」というねがいを読み取
った文珠四郎さんは、「自分も大事にされている」
と思ってもらえるような障害理解授業を目指しま
した。ただ、授業時間の確保の難しさなど、条件
は厳しく、思ったような取り組みにはならなかっ
た悔しさが語られました。文珠四郎さんは報告の
最後に、大阪では毎日交流しているといえるが、
本当の意味での交流にはなっていないのではない
か、と提起しました。

　討論では、障害理解をすすめるためには、まず
はどの子も「自分が大切にされている」ことを実
感できていないといけないのではないか、との意
見が出されました。また、今の子どもたちをとり
まく状況から、子どもの心情や生活にまで思いを
馳せ、教師として何を伝えるのかを考えていくこ
とが必要であることも確認できました。

◇障害児学級の実践

　これまで以下のことを大切にしてきました。①
問題行動のうらにある本当のねがいや発達的な子

どもの見方、②系統的な教科の学習、③学級集団
（基礎集団）での取り組み、④学級で育ったこと
を誇りに、全校にうって出ること。今回もこうし
たことを中心に、レポート報告をもとに論議を深
めました。

泉谷レポート

　全校120人の小規模な小学校にある、障害児学
級の報告でした。ＡさんはＡＳＤや躁鬱傾向があ
り、親と離れて育ち、暴力的なことがあったなど、
愛着形成に課題がありました。泉谷さんは、Ａさ
んの問題行動を本人のしんどさの表れだと捉えま
した。育ちの危機もありましたが、泉谷さんのお
おらかであたたかい子どもの見方で、Ａさんを励
まし続けました。交流学級での修学旅行の部屋割
りで、変更をお願いしに来た子に、「私は譲る気
はない」とＡさんはきっぱり。今までなら受け入
れるしかなかったＡさんの成長を感じる場面でし
た。これを成長と思える教職員集団のよさも語ら
れました。

　討論では、まわりの教員から「もう６年生なん
だから」と言われても聞き流すといった、泉谷さ
んのしたたかさに共感が多くありました。また、
心に傷を負っている子どもたちだからこそ、「生
きていく糧になる」教科学習を保障したいとの意
見もありました。

　いっしょに学校生活を送った５年生のＢくんと
の関わりも欠かせないものになりました。校舎の
続きにある中学校に進学してしばらくは、「Ｂく
んいる？」と学級へ顔を見せて、またがんばるＡ
さんの姿も補足されました。どの子の顔も生活も
わかる学校規模や、みんなでＡさんの心の育ちを
見られる教職員集団をつくってきたことの大事さ
も改めて確認できました。

九里レポート

　障害児学級担任になっての２年間の報告でし
た。１年目は、もう一人の担任や支援員の子ども
を追い詰める厳しい対応や暴言、さらに九里さん
の指導への苦言に、自信をなくし心が崩れそうに
なりました。麦の会（全障研サークル）へ参加し、
話を聞いてもらったり実践を学んだりして少しず
つ前向きになれたと語りました。そんななかでも
楽しかった授業「体の中は、どうなっているの？」
が紹介されました。絵本を読みながら、人間の体

の中の臓器や骨のことを学び、『おおきくなるっ
ていうことは』の絵本で、心と体の学習にも取り
組みました。

　もう一人の担任が転勤した２年目は、教室を飛
び出すＫくんが入学し、その対応に悩みました。
Ｋくんの好きなことをさがして、みんなでその世
界に入ることにしました。２学期になると、Ｋく
んは文字に興味を持つようになり、友だちのこと
も好きになりました。そして３学期に取り組んだ
のがミュージカルでした。本番の様子も紹介さ
れ、いい顔で仲間と演技をするＫくんの姿が印象
的でした。

　討論では、Ｋくんの変化は、九里さんの子ども
を見る視点の確かさと、それを生かした絵本の実
践の魅力によることが確認されました。また、心
が壊れる一歩手前で踏みとどまれ、実践の手がか
りを自分のものにできた、全障研やサークルの大
切さもみんなで共有できました。

◎討論のまとめ

　障害者権利委員会の総括所見は、今の通常学級
が、管理的・競争主義的で子どもの発達への危機
的な環境になっていることの政府への勧告です。
また、昨年出された４・２７文科省通知も、教育
条件を後退させるものです。子どもたちがどこで
学んでいても豊かに育つことができる教育条件整
備を求めます。子どもをとりまく社会が厳しくな
っている昨今、子どもだけでなく保護者のしんど
さにも共感し、教職員集団や学校をつくってい
く、障害児学級やその担任の役割が重要になって
います。全障研の輪を広げ、仲間とつながり素敵
な実践を進めることが呼びかけられました。

（文責　池田　翼・高橋翔吾）

6　障害児学校の実践（1）幼稚部・小学部

共同研究者　荒川　智(茨城)　山中冴子(埼玉)
司会・運営者　西堂直子(兵庫)　芝崎俊貴(埼玉)　太壽堂雄介(長野)
参加者　23人（教員、学生、児童発達支援センター職員など）

レポート
「Aくんと僕の4年間のせいかつ〜二人の成長日記〜」　　　　　　　　　奈良　中井泰輝
「どんぐりふぇすたをひらこう！〜文化祭に向けた取り組みを通して他者を意識することを考える〜」　　　　　　　　　埼玉　松下美紀

◎はじめに

　2022度は障害児学校の実践という広く括った運営でしたが、今回は小学部と幼稚部に焦点を当てた分科会となりました。2本のレポートはいずれも小学部の実践でしたが、全国の参加者と特別支援学校の教育実践について議論を深めました。

◎レポート報告と討議の概要

中井レポート　知的障害と自閉症を併せもつAくんとの4年間の生活が報告されました。

　発語が不明瞭でコミュニケーションの取りづらいAくんとは「ひらがなボード」というアプリも活用しながらやりとりをしてきましたが、はじめのうちはなかなか使いこなせず苦手意識もあったようです。また、Aくんは寝ることが多く、中井さんは「去年はそんなに寝てなかった」という他の教員の言葉に焦り、無理やり起こして関係が悪化するという1年目でした。

　2年目に入り、「Aくんとなかよくなりたい」「やり直そう」と思った中井さんは、クラスの教員で話し合って登下校時の着替えなどを省き、Aくんの好きなことをたっぷりできる時間を確保しました。3年目になり、Aくんは「ひらがなボード」に打ち込む文が長くなってきました。中井さんの質問に対してもおもしろい答えを返す姿が見られ、伝える気持ちが伸びてきていると感じました。一人でできることも増え、中井さんに「さみしい」と伝えてくる姿も見られました。

　4年目、6年生になったAくんに「強く成長して卒業を迎えてほしい」と考え、予定に変化をつけるなど気持ちを揺らす作戦を行ってきました。その一つとして、朝の会の後に「わくわくタイム」を設定し、日替わりで様々な活動を行いました。また、苦手な勝負ごとに取り組んだり、他の教員にインタビューしたりする活動にも取り組んできました。中井さんは、Aくんと過ごした4年間を、「二人で成長してきた4年間だった」と振り返りました。

　討議では、Aくんが学校で寝ることについて、生活リズムの面と活動への意欲の面から意見が出されました。具体的には夜遅くまで起きていることの多いAくんに対して家庭と連携した取り組みが大切になってくること、認識の高いAくんが手ごたえを感じられる活動内容や集団の組み方、日課の工夫などについて話し合われました。また、Aくんの気持ちを揺らす作戦など教師発信になりがちな取り組みに対して、Aくんのねがいはどうだったか、Aくんからの発信を大事にしたいといった意見や、学習指導要領の縛りが強まる中で自由な実践がしづらくなっているが、中井さんの報告を聞いて子どもから出発することの大切さを感じたといった感想などが出されました。

　共同研究者からは、「Aくんとのかかわりをつくり直したいといった中井さんの気持ちに感銘を受けた。担任としてそれぞれの年に抱いたAくんに対するねがいを率直に語っていただいたこと、そのプロセスが中井さんのリアルな成長の姿で胸を打つものがあった」と発言がありました。

松下レポート　肢体不自由特別支援学校の小学部2・3年生グループで取り組んだ文化祭に向けた学習について報告されました。

　5名の児童が知的障害特別支援学校の教育課程を参考にしたカリキュラムで学んでいます。この

学習は主に生活単元学習の時間を活用し、教科の時間でも関連する内容を扱ってきました。文化祭当日はハンドベルの演奏、ダンスの発表、お店屋さんをしました。中学部や高等部になると学校内の企画や委員会の活動を考えたりする力が必要になってくるので、小学部のうちから自分たちで企画して他の人に喜んでもらう経験ができないかと考えました。

　いつも積極的なYさんは、車椅子を使うお客さんに対して近くまでチケットを受け取りに行くなど、自分なりに考えながら活動していました。普段は友だちとのかかわりが少ないHさんは、練習を繰り返すうちに「○○ください」とオーダーを通す姿が増えていきました。比較的消極的だったNさんは、友だちを呼ぶ姿が増えてきました。肢体不自由の学校は、大人とのかかわりが多くなりがちですが、活動を通して子どもたち同士がフォローしあう様子があり、それは文化祭以降も続きました。

　討議では、日課やハンドベル演奏の選曲方法、役割分担の決め方などについて質問が出されました。その中で、今回の活動は子どもによっては少し難しい活動だったのではないか、関わりを豊かにしていくことを考えると、劇遊びや再現遊びで遊びそのものを楽しむことが大事なのではないかといった意見も出されました。また、医療的ケアに関わる意見も出されました。看護師と相談しながら一人ひとりの課題を設定し、子どもたちが自分でできることは自分で行っている松下さんの実践について、自分の命を守る大切なことなので受け身ではなく自分でできることは自分でやるということがよいという意見がありました。東京では教員を減らして会計年度任用職員の介護職員が雇用されているという状況も紹介されました。

◎まとめ
　共同研究者から2本のレポートについて次のようなまとめがありました。
　全障研は発達を個人の系、集団の系、社会の系の3つの系で捉えています。中井さんの報告では、Aくんの4年間の発達と、それを支えた中井さん自身の教員としての力量がいかに培われてきたかがよく伝わってきました。新版K式発達検査

の数値の話もありましたが、Aくんの内面の発達に注目したいと思います。最初の頃は寝てばかりで苦労したようですが、楽しいことを積み重ねるなかで、自分が楽しむところから周りの人と一緒に楽しむようになっていくという変化がありました。周囲の人と楽しむことが、いろいろな人に気持ちを伝えたい、こんなことを話したい、あるいはこの人の話も聞きたいといったコミュニケーションの力につながっていったのだと思います。

　松下さんの報告では、集団の中で個々の子どもたちがどのように発達していくのか、あるいは個々の子どもの関係がどのように広がり深まっていくのかがよく伝わってきた実践でした。これは全障研全体の課題ですが、集団の中での個人の発達は非常にわかりやすいのですが、集団そのものの発達をどう捉えるのかはなかなか難しいところです。集団としての目標や課題がどのように設定され、どのように高められていくのか、集団の質も大事です。仲のいい落ち着いた集団ということがありましたが、そこからどういう集団を目指していくのか、そのあたりが一つの検討課題になってくると思います。生活単元学習については十数年ほど前から教科との関連性が言われ始め、今回の学習指導要領でも小中学校との連続性がやたら強調されています。以前は問題にされなかった教科のどこに関係するのかが問われるようになってきていますが、この辺りもきちんと整理する必要があると思います。本当の認識する力、考える力をしっかりと系統的に伸ばすとはどういうことなのか今後も考えていけたらと思います。

　今回の議論を生かしながら、今後の分科会での討議の発展に期待していきたいと思います。

（文責　太壽堂雄介）

7 障害児学校の実践（2）中学部・高等部

共同研究者 三木裕和（京都）
運営者 塩田奈津（京都）島 由佳（北海道）
土橋知幸（奈良）藤井佳樹（山口）
参加者 21名（特別支援学校教員など）

レポート

「こんなに変わることができた～寛人君との2年
間の日々～」 茨城 小林秀行
「人生に豊かさを作業学習に学校ならではの生活
文化を～障害の重い生徒らと取り組んだ授業実
践を通して、青年期教育として大切にしたい高
等部の作業学習の中身について考える～」
滋賀 長友志航
「修学旅行に行こう！」 長野 米倉拓也

◎小林レポート

前任の知的障害特別支援学校での事例報告でした。中学生の寛人君は軽度知的障害とADHDがあり、当初は自信が持てず、授業中は机に伏していたり、時には手が出てしまったりすることもありました。小林さんは時間をかけて寛人君を受けとめ、自主通学や行事などを通して失敗しても大丈夫と励ましながら安心感が持てる実践を積み重ねていきました。そのようななかで、うまくいかなくても、少しずつ受け入れられるようになり、意欲や前向きさがみられるようになりました。

討議では、寛人君の成長をどう捉えればよいかを柱に話し合いました。寛人君のように劣等感を抱え、自信のない姿を見せる生徒が特別支援学校に入学して以降、自信をつけて自己肯定感が高まる事例が参加者からいくつも紹介されました。その中では報告のように、ゆっくり関わること、受けとめてもらうことの大切さが改めて確認されました。また、対等な友達関係や、自分を多面的に捉える発達的な力が原動力になったのでは、という意見も出されました。一方で、学校卒業後に不適応となってしまった事例が出され、軽度知的障害の子どもの思春期、青年期をどう支援していくか、という課題も出されました。

三木さんのまとめからは、軽度知的障害の人たちには「できそうに見える」ことによる周囲からの圧力の感じやすさ、「周りよりも劣る自分」を感じて、肯定的な感情が持ちにくいという困難さがあり、劣等感が増幅されやすいことが指摘されました。さらに、今の学校は競争的自己肯定感に重きを置いた実践が主流で、本当の意味での自己肯定感を保つことが難しいことも指摘されました。学校教育は長い時間をかけて「成長した自分」を実感できるような実践を創り出す場であり、報告のように、ゆっくりと時間をかけて関わることが必要ではないか、と指摘されました。また、卒業後に不適応になる事例については、ゆっくりと「大人になる」ことが大切にされるようなプロセス形成が大事ではないか、と指摘されました。

◎長友レポート

高等部・知的障害の重い生徒の「作業学習」の実践報告でした。与えられた作業に繰り返し取り組むのではなく、新しい「何か」を発見し、変化を楽しみながら、学校だからこそ積み上げられる「生活文化」に触れることを大事にしたいと考え、「草木染め」を題材に実践を行ってきました。ドクダミ、タマネギの皮など、身近な植物を題材に染料にし、生徒の「気づき」が引き出される工夫もされました。「てるぼう」「うさぼう」という制作物を作る過程の報告では、不随意運動がある生徒が針を使う活動に取り組んだ時の様子や、自分で制作した「うさぼう」に愛着を感じて大事に持ち帰った生徒についてなど、エピソードも交えて報告されました。

討議では「作業学習」の捉え方や障害の重い子どもの「働く」について、意見交換を行いました。参加者からは、「キャリア教育」の締め付けで、単純で機械的な「作業」やある規準のクリアに重きを置いた「検定」が「作業学習」として取り組

まれる事例が報告されました。また、評価の外枠に縛りがあり、それに達したかどうかに評価の主眼が置かれていることへの課題意識についても発言がありました。

三木さんからは、障害児教育で言われている「作業学習」や「身辺自立」は経験主義的教育観に立つものであり、「学び」を否定したものであること、今回の報告はそのような教育への批判を出発点にして、生徒の「学び」を促すことを土台にしていること、そのような「学び」が活動への意欲や制作物への愛着につながったのではないかと指摘されました。さらに「労働」について、エンゲルスは「人間が賢くなるプロセスである」、糸賀は「ものをつくる＝何かに働きかけて何かを生み出すことが人間的な営みであり、重要である」と説いていることを提起の上、「労働」「人が人になるプロセス」につながるたいへん魅力ある実践であると評価しました。

◎米倉レポート

盲学校内に設置された高等部のみの軽度知的障害の生徒を対象にした特別支援学校分教室での実践報告でした。教育課程が「作業学習」中心で、就労のためのキャリア偏重であることに疑問を持ちつつ、自ら考えて行動する経験や、失敗から学ぶ経験、仲間と共同して取り組む経験などが必要であると考えました。3年生の修学旅行に向けて取り組まれた事前学習や、修学旅行当日の活動を通して、生徒同士の関係が深まる過程をいくつものエピソードを交えて報告されました。

討議では、高等部段階の「行事」が特に軽度知的障害の生徒にとって果たす役割について課題提起がありました。行事を通して一つの目的に向かい、試行錯誤しながら話し合ったり、考えたりする取り組みがあることが思春期にはとても大切ではないかと話し合われました。

三木さんはまとめで、昨今の学校は計画通りに、スモールステップで成功経験を積ませることが大事という風潮であるが、うまくいかなくても頑張って乗り越えた、何とかなったという経験こそ大事で教育的ではないか、と指摘されました。また、他者と仲良くなる背景には、楽しかった記憶や経験が必要であること、それが積み重なるこ

とで人間に対する信頼感が構築されることも指摘しました。また、この報告の中で、バスの時刻表を調べるなかでうまく情報収集ができなかったエピソードが語られましたが、情報へのアクセシビリティが、障害のある人たちの障壁になっていることも指摘されました。必要な情報に誰もが簡単にアクセスできる方策を社会の問題として考える必要があります。

今回の報告は、さまざまなトラブルを生徒自身でうまく乗り越えた経験となり、以降の子どもたちの関係性をも変える取り組みになりました。将来にわたって記憶として残り、自身を励ますものになると思われます。

◎大切にしたいことは？

3本の報告後、短時間でしたが、参加者で意見交換、交流を行いました。

参加者から、高等部の職場実習で"働くためにはこういう力が必要"という考えにとらわれすぎて、生徒の実態を踏まえた取り組みができなかった葛藤が出されました。学校でできることをしっかりと楽しむという視点で実践を創ることの大事さを改めて確認しました。また、学習指導要領や「社会適応」をめざす進路指導など、閉塞的な枠組みの中で教師自身「やらされ感」を感じており、子どもの思いやねがいに十分に寄り添えていないことに苦しんでいることも語られました。

教育による働きかけはすぐに効果が出るものではありません。子どもと一緒に時間をかけて実践を積み重ねることを大事にしましょう。子ども自身が発達の手応えを感じられる素敵な実践が全国各地で展開されることを願っています。2024年は奈良に集いましょう。　　　（文責　土橋知幸）

8　放課後保障と地域生活

共同研究者　佐々木将芳(静岡)　村岡真治(東京)
司会者・運営者　鈴村敏規(大阪)　田中祐子(東京)　中村尚子(埼玉)
　　　　　　　　益本裕美(埼玉)
参加者　47名(放課後等デイサービス事業に関わる職員など)

レポート

「子どもたちの"またあした"を大切に　―生活と集団のとりくみ―」
　　　　　大阪　西淀川発達支援センターたんぽぽ
「味噌汁づくりを通じて登校につながった兄弟、A君、H君」　　　　　山梨　前田僚子
「カケルが、仲間の中で自ら意見を変えた！」
　　　　　　　　　　　鹿児島　花木正斉
「くるみで大事にしていること　～天くんの姿がみせてくれるもの～」　愛知　渡辺志織

◎基調報告

基調報告では、放課後等デイサービス(以下「放デイ」)を管轄するこども家庭庁の担当者と6月5日に懇談した様子が報告されました。2021年に基本報酬が下げられ、支援内容として作業療法などを行う事業所に対して報酬が加算される方式に変わったことで、放課後活動としての専門性が損なわれ、支援の質が問われる事態になっています。「遊び・生活を通じて人間としての本当のねがいを汲み取ることが大事だ」との意見に対し、放デイの担当者は「さまざまな流派・考え方がある。障害特性にもとづくことが大事」という従来の考え方を繰り返す返事もありました。障害特性だけに注目していては、子どもが本当に困っていることに向き合うことは困難です。実践の事実を通じて放課後活動の価値を打ち出すことが大事です。

◎分散会A

西淀川発達支援センターたんぽぽ報告

「たんぽぽ」は、1970年に特別支援学校設立を願う会から始まり、現在は乳幼児から放デイ・作業所までの継続した支援を法人で行っています。大事にしていることは「生活や遊びの中での子どもたち同士の関わりを重視する」「地域の行事・文化活動に参加することで子どもたちの自信につなげる」ことです。地域の学童クラブとのクリスマス会や、区民まつりでの舞台発表では、子どもたちの普段見られない積極的な姿が見られました。指導員だけでなく様々なスタッフ(運転手も)が一体となって、子どもたちと保護者の思いやねがいを共有しています。しかし、考え方の相違で退職する職員もおり、入れ替わりが多くて苦労していると報告されました。

前田報告

「コロボックルの家」は2022年3月に開所したばかりで、放デイ・日中一時支援・保育所等訪問支援を行っています。小2・3年のA君・H君兄弟は、1学期は学校でも放デイでも落ち着きがなく情緒不安定でした。スタッフで対策を話し合い、夏休みに味噌汁を2人とスタッフで作り、少しでもできたら褒めることを続けました。夏休み後、兄弟は味噌汁を作ったことを先生や友達に自慢しました。学校の先生は「2人が教室にいる時間が増えた。表情や目が全然違う。どのようにされたのですか」と驚いていました。その後も味噌汁づくりは続き、A君が「いつか兄弟で東京に行って暮らしたい。ごはんはお味噌汁が作れるから大丈夫だ」と話すまでになりました。手ごたえのある活動や誰かの役に立つ喜び、大人からも仲間からもしっかり認められ、居場所がもてたことが、次のステップに羽ばたいていく力になったと報告されました。

◎分散会Aのまとめ

共同研究者は、次のようにまとめました。

地域の学童クラブと交流できていることや、運転手も含めて子どもに関わるすべての職員が情報を共有できていることは大事です。職員の入れ替わりが多い問題は多くの事業所が抱えています。

子どものことを振り返る時間や研修の機会をできるだけ保障するべきですが、報酬の問題がネックになると思います。

　味噌汁作りを子どもにさせてみようという、職員のひらめき、センスは素晴らしいです。できないことよりも（少しでも）できることにスポットを当て、もっている力を引き出せたことで学校の先生にも影響を与えたのは大きいと思います。

◎分散会B
花木報告

　「ゆめの森」は2014年に開所し、放デイ・日中一時支援を行っています。カケルは予定の変更を受け入れることが難しい子どもです。花木さんは、カケルが一日の流れや活動を把握し見通しをもって主体的に過ごしたいというねがいをもっているからだと推測しました。また、カケルはものごとをイメージする力に課題があり、初めての経験に不安があると仮説を立てました。

　ある日、釣り場を決める子どもたちの話し合いで、意見が二手に分かれてしまいました。花木さんや子どもたちが二つの釣り場の特徴を話すと、カケルは意見を変えました。しかも反対意見の仲間に説得も試みました。このことから「釣り場の情報と子ども同士の話し合いの中から自分で納得するプロセスを経て『○○だと思っていたけれど△△もいい』と揺れながら自分で選び取る力を身につけていく。これこそ仲間がいるという集団の良さだ」ということがわかりました。

　個別支援・個別療育が強調され、個人の能力ばかりに支援者の目が向いてしまうことがありますが、子どもは子どもの中で育つという当たり前のことをカケルから教えてもらいました。

渡辺報告

　放デイ「くるみ」は2013年に開設され、重症心身障害児を対象にしています。天君は肢体不自由と知的発達の遅れのある中3男子。通い始めた小2の頃は、スタッフに抱っこされ緊張で泣いていましたが、スタッフとのやりとりに慣れてからは子ども同士のやりとりができるよう促してきました。3歳上の夢君がカラスの鳴きまねをすると続いてまねをし始め、他の言葉もまねて楽しむようになりました。夢君のまねから天君自身の話した

い気持ちが膨らみ「イヤ」ということも覚えていきました。

　天君は、スタッフに自分なりのあだ名をつけ、目的に応じてあだ名で呼びました。天君のいたずらにスタッフは乗り、天君は自分の仕掛けたいたずらで応答的に関わり人との遊びをつくり出していました。思春期に入り渡辺さんには知らんぷりやわざと応じない態度を取ることもありますが、雷の怖い渡辺さんに一緒に座布団をかぶろうと誘う優しさも見せ、大きくなった自分をアピールしたい様子がうかがえました。天君がしたいことをみんなにアピールしながら、スタッフと一緒に「楽しい」をつくっていきたいと報告されました。

◎分散会Bのまとめ

　共同研究者は、次のようにまとめました。

　花木さんはカケル君との関わりで「この子はこんなことを願っているんだ！」「この子はこんなにも変わりうるんだ！」という2つの発見ができたと思います。こういう発見は実践を進めるなかでしかつかめないことです。子どもが他者と気持ちを噛み合わせて他者を導いていく力はどうつくり出せるのか、実践の問題提起として学べると思います。

　渡辺さんの実践は柔らかさや優しさに包まれています。温かみやユーモアがあります。取るに足らないイタズラをおもしろがる雰囲気が職場にあるのだと思います。発信力に弱さがある子どもたちであっても、その思いをキャッチした時の喜びが職員間で共有されているのでしょう。ささやかな子どもの変化に人間的な豊かさを見出せるような愛情ある職場をつくる大切さを学ばせていただきました。

（文責　鈴村敏規）

9　学ぶ、楽しむ、文化活動

共同研究者・司会・運営者
國本真吾（鳥取）辻 和美（三重）西園健三（鹿児島）
松田美和（愛知）丸山啓史（京都）
参加者　20名（「学びの場」職員、成人期事業所職員、特別支援学校教員、大学教員など）

レポート

「川越市障がい者青年学級について」
　　　　　　　埼玉　菊田聡史
「人生の主人公を目指す『学びの場』」
　　　　　　　山梨　森澤和仁

　最初に、國本真吾さん（鳥取短期大学）からの基調報告がありました。

　政策的な動向をみると、文部科学省が2017年度から障害者生涯学習政策を推進しています。一方で、地方自治体では国の動きに十分に呼応できていない面があります。地方自治体に声を届けていくことも求められます。

　学びの場の創造に目を向けると、「福祉型専攻科」「福祉型大学」などと称される取り組みが広がっています。「福祉型」と称さないものも含めて、18歳以降の学びの場が拡大することは重要です。ただし、特別支援学校高等部本科と同じ内容にするのではなく、「学校から社会へ」「子どもから大人へ」という二重の移行を支える青年期教育の実現が求められます。

　「学ぶ、楽しむ、文化活動」は、ウェルビーイング（well-being）を追求するものです。「生命、自由及び幸福追求に対する国民の権利」として考えられなければなりません。「余暇活動」ではなく、「生きがい活動」として捉えることもできます。

◎**レポート報告**

「川越市障がい者青年学級」の取り組みから

　川越いも子作業所で調理員をしながら「川越市障がい者青年学級」の活動に携わっている菊田さんからレポート発表がありました。

　川越市では、1990年代に、企業で働く障害者の就労継続の難しさが問題になるなかで、東京都町田市の「障がい者青年学級」を参考にしながら、余暇を仲間と楽しむ場をつくるために青年学級の取り組みが始まりました。

　仲間が仲間を呼んで活動は広がり、実践を重ねながら市に要望を続けた結果、1995年に中央公民館の事業として「川越市障がい者青年学級」が発足しました。学級生は増え続け、2003年には60名を超えて2学級制になり、2009年には80名を超えて3学級制になりました。現在は、3学級を合わせると、90名を超える学級生が参加しています。一般就労している人だけでなく、作業所で働く人も参加しており、およそ30年が経過するなかで年配の人の参加も増えています。

　青年学級では、仲間が集まることで支え合える関係をつくることを大切にしています。スタッフは、学級生に常に寄り添いながら対等に関わっていくことを心がけています。スタッフの意見を主張しすぎないこと、学級生の意見を尊重することを大事にしています。

　コロナ禍のなかでは活動が難しくなり、仲間にも会えず仕事にも行けないという時期を過ごした人もいましたが、感染対策を講じながら少ない回数でも開催し、青年学級がなくならないように努力してきました。2023年度は、新しい参加者も迎え、5月から毎月開催するようになっています。

　活動内容は、料理教室が半分くらいで、昼食を食べてから、様々な活動を展開しています。3学級対抗のスポーツ大会（ボウリング等）も開かれています。「社会科見学」として出かけたりもします。家族旅行に行けない仲間もいるなか、「宿泊研修会」は学級生の大きな楽しみになっています。

　充実した社会生活は、仕事と余暇のバランスが取れてこそ成り立ちます。青年学級は、青年期・成人期の障害のある仲間にとって、「余暇を楽しむ場」という役割を果たしています。

「ユニバやまなし」の取り組みから

　「学びの事業所ユニバやまなし」の学院長である森澤さんからレポート発表がありました。

　ユニバやまなしは、山梨県内で初の「福祉事業型大学」として、2019年に開所されました。自立訓練（生活訓練）と就労継続支援Ｂ型が組み合わされています。「学生が主体的に、豊かに、楽しく学ぶことができる場を創造する」ことなどが方針とされ、「自分づくりに向けて、自己肯定感を高める」ことなどが目標とされています。

　そのユニバやまなしの１期生であるＨさんは、中学校特別支援学級、特別支援学校高等部を経て、ユニバやまなしに通うようになりました。初めての学外活動の際、障害者割引のために療育手帳を持参するように言われていたものの、Ｈさんは「忘れました」と報告しました。そして、２回目の学外活動の時にも、「忘れました。すみません」と報告していました。バスの中で療育手帳を見せるのが恥ずかしくて嫌だったと、後日の面談でＨさんは話しました。障害特性の理解や自己理解を深める学びが必要だと考えられ、そのための授業が行われました。障害特性については、「すぐ音に反応しちゃう」「ネジがあると回したくなる」「電車の音、ブレーキ音を聞き分けられる」といった「つぶやき」を書き出し、特性を強みとして捉える「リフレーミング」も行いながら、特性の理解を進めていきました。

　調理活動や表現活動で「がんばったこと」「できたこと」が称賛され、仲間との活動で必要とされる場面が増える中で、Ｈさんは、他者のミスに対して「大丈夫だよ」と言えるようになったり、自分のミスに対して「ちょっと失敗しちゃったけど、いいかなぁ」「次はうまくできるようにがんばるね」と言えるようになったりしました。Ｈさんは、自分の特性を受け容れるのと同時に、仲間に認められて自信がついたようでした。秋の学外活動では、「今日は持ってきました！」と言って、路線バスで療育手帳を提示していました。

　Ｈさんは、各種の企業・事業所を見学・体験した上で、現在は就労継続支援Ａ型の事業所で働いています。

　本人が人生の主人公になれるように、「自分づくり」の時間を保障していくことが必要です。

◎討論とまとめ

　菊田さんのレポートに関しては、活動の費用のことが話題になりました。公民館職員以外のスタッフはボランティアで、ボランティアには謝金が出るのですが、その謝金をボランティアスタッフが出し合って青年学級の活動費用に充てているとのことでした。青年学級の「旅行」は、費用の面で厳しさがあります。バス代の補助が川越市から出るようになったものの、安く泊まれる宿を探しながら実施しているとのことでした。

　青年学級の活動内容に関しては、学級生の要望は多様なので、意見を出しながら進めているとのことでした。いろいろな活動を経験することで、活動についての幅が広がっていきます。また、青年学級のスタッフは、特別支援学校の教員、施設の教員、退職者などですが、スタッフの確保は課題になっています。

　森澤さんのレポートに関しては、障害理解・自己理解のための学びの進め方について質問がありました。自分の障害特性だけを学ぶというのではなく、他者の障害特性についても理解を深めていくとのことです。また、幸福追求権などを定めた日本国憲法の話など、土台となるところから取り組みが積み重ねられています。

　ユニバやまなしでは、家族の状況にも目を向けています。グループホームの体験を促したりもしながら、家族依存が緩和されるようにしています。また、他機関との関係づくりも進めていて、特別支援学校との関係づくりも工夫しており、施設間・事業所間の交流も考えています。

　討論の中では、各地の多様な取り組みや問題意識について話し合うことができました。生活介護事業所の中での「仕事」と「療育」の両立をどう考えるのか、日中に普段とは異なる場でアート活動・ものづくり等の「やりたいこと」ができる仕組みがあってもよいのではないか、といったことが話題になりました。

　「余暇」だけでなく、日中の活動の中での「学び」や「文化活動」のあり方についても、さらに考えていく必要があるように思います。

（文責　丸山啓史）

10　働く場での支援

共同研究者　田中きよむ（高知）
司会・運営者　栗本葉子（滋賀）杉本圭（奈良）田中理絵（東京）
船橋秀彦（茨城）吉留英雄（大阪）
参加者　29名（日中支援事業所職員、保護者、放課後等デイサービス職員、当事者など）

レポート

「障害雇用『一般就労で働くこと　自分の生き方』」　　　　　　　神奈川　五十嵐雄一
「M・Tさんの体験を通して、働く場での支援を考える　～モアタイムねりま4年間の学びと卒後の様子について～」　　　　東京　栗林　満
「NPO法人さんろーどについて」
　　　　　　　新潟　佐藤貴彦・石井八千代

　「働く」をキーワードに全国から30人の参加者がありました。参加者は、日中支援事業所の職員、保護者、放課後デイサービス職員、当事者の方などでした。

　はじめに共同研究者の田中きよむさんから、分科会の柱を何点か話してもらいました。その後、3つのレポート報告を聞きました。

◎レポート報告

　各々のレポートの主旨は、以下の通りです。

五十嵐報告　1つ目は肢体障害のある五十嵐さんが、働く体験に基づいて心境の変化を時間軸を追って話しました。やっと数少ない理解者に出会い、どれだけ気持ちが救われたか、と実感をこめて述べました。同時に、国や厚労省が目指そうとするインクルージョンやダイバーシティといった政策は、一般企業の末端の労働者にまでは反映されず、苦しみもがきながら自己実現を目指している彼の言葉は胸に迫るものがありました。

栗林報告　2つ目は、これまで「働く」分科会で議論されてきた内容から一歩踏み込んで人間的な成長や自己実現の観点でなかまの発達を進めようと取り組まれた実践レポートでした。これまでこの分科会は「高工賃を目指す」「利用者主体の働く仕組みや仕事内容の検討」など、「仕事」というワードの議論が中心でした。しかし、今回の特徴は仕事以外の悩み、特に「仕事についたものの、仕事内容が合わなかったり、人間関係でつまずいたりした」利用者が、「新たな居場所づくりとして選んだ施設の紹介や仕事後に集える居場所づくりについて」報告されました。人生は何度失敗してもまたやり直せる、そんな新たな希望を同世代の仲間とともにつくりあげる姿に共感する人が多かったです。

佐藤・石井報告　3つ目のレポートは、私たちが働く日中支援事業所の新たな役割や意義を明らかにしました。在宅21年、兄妹の子どもの面倒を見ながら、自立へと向かうために日中支援事業所に通所を始めたAさん、たまたま家のポストに入っていた事業所のチラシを握りしめ、緊張して見学、そして入所を迎えます。その後の母親の死去をきっかけに自立への道を進みます。しかし、自分の気持ちをストレートに出せなくて紆余曲折。そのなかで絵画という表現活動に出会い、数年を経て生き生きと母子像や動物の親子などを描いて心の内を豊かに表現できるようになっていく、まさに心に沁みる報告でした。

◎討議の柱

　午後からは上記の3つのレポートを受けて、田中さんから「次の6つの柱で議論しましょう」と提案がありました。
1）働くことの意味、働くこと以外の活動や居場所づくり・地域づくり
2）障害特性や生活歴に応じた支援の内容・方法、支援課題の共有化（本人と支援者の間、支援者間）
3）人間関係（家族との関係、職場での関係）の悩みと再構築
4）就労支援を通じた当事者の主体的変化と仲間との関係づくり、職員の成長、地域の変化

５）本人の生き方の多様性の確保と意思決定支援
６）今後の就労支援・地域生活支援のあり方、国や自治体に向けた提起

◎２分散会での討議

　２つのグループに分かれて分散会を行いました。

　Ａ班では、３つのレポートの感想と日頃の活動紹介をしました。１つ目のレポートでは、五十嵐さんの赤裸々な話の中で、自分の人生を大切に生きられない苛立ちがあり、「誰にも打ち明けられずさぞつらかったでしょう」とねぎらいの言葉がありました。

　また、モアタイムねりまの実践は「これこそが今必要とされる居場所づくりのあり方だ」と誰もが口にしました。互いに話を聞き合いながら励まし合う仲間たち、一旦失職した人も新たな仕事に挑戦するなど、「困った時に相談できる人をつくることがたいせつなことの一つです」との報告者の言葉にみんな頷き、共感していました。福祉型専攻科の存在意義、仕事選びの選択肢が少なく本人の意欲や適性に合うものが探しづらい実態、生涯学習的な放課後の学びの場が人間らしさを取り戻す瞬間であること、現在の事業の経営維持の大変さ、福祉の枠組みのおかしさが語られ、日割り報酬単価でなくきちんと施設運営を安定させられるような制度の拡充を求める声を、みんなで大きくしていこうとまとめられました。

　さんろーどの報告については、地域に埋もれている障害者の掘り起こし、事業所への期待や人生の壁にぶつかっても信頼できる職員や仲間に支えられてグループホームで暮らせるようになったケースの貴重な話だったという意見が多く聞かれました。

　次にＢ班で出された「さんろーどの表現活動には助言者はいますか」という質問には、「特にいない」とのことでした。

　また、さんろーどの報告で、「『対応も統一』とあったが、支援者の個性も大事にする必要があるのでは」という質問があり、それに対して討議をしました。「支援の内容によって統一する部分と支援者の個性に任せる部分があるのでは」「特定の職員に対する『依存』も信頼関係の一つとみる

べきではないか」などの意見がありました。

　参加者の一人から、ある家族に関する相談もありました。特別支援学校卒業後、就労移行事業所へ行き、現在グループホームに入りながら企業で働いている息子さんについての相談でした。人間関係のトラブルで休むようになり、服薬を始めて働いている現状とのこと。働く場の問題として、それぞれの意見を出し合いました。深刻な問題ですが、参加者の一人ひとりが真剣に質問者の悩みに共感したり、励ましたりすることができ、実にリアルで有意義な討論となりました。これも一つの全障研らしい話し合いの場であり、信頼関係があるからこそだと感じられました。

・服薬について。本人の内面を忘れて薬が対症療法的に使われていないかを見ることが必要では。本人が何に困っているのか、問題を本人の側から捉えることが必要。
・本人の悩みをカウンセラー、専門家にもお願いする。
・本人と環境の両方の課題として捉える。
・本人の意思決定を大事にする。
・「働くことの意味をしっかりと持っているか」の確認。
・仲間づくりも大切。
・職場で頼られる存在になっているか、また仕事以外の趣味は持っているか。

　以上を出し合いながら、６つの討論の柱に沿ってより深めることができました。

　最後に、今回の分科会のまとめとして、もう一度、田中さんが全体をまとめる発言をしました。「来年の夏、今度はお互いの顔を見ながら奈良で会いましょう」とお互いに声を掛け合いながら無事分科会を終えることができました。

　当事者のリアルな発言に考えさせられた分科会となりました。同時に、成人期の日中支援事業所で働くみなさんや関係者の知恵と力で（もちろんきょうされん運動の成果としてもですが）、働くだけでなく、第三の居場所づくりをしながら、揺れることも含み込んだなかまの成長や発達を見守ることの大切さを改めて実感した分科会となりました。

（文責　栗本葉子）

11　障害の重い人の生活と支援

共同研究者　白石恵理子(滋賀) 細野浩一(埼玉)
運営者　清水千智(埼玉) 園部泰由(埼玉)　森田由希(埼玉)
参加者　43名(成人期職員、家族、医療関係、相談支援員など)

レポート

「『お話がやめられない』をどう受け止めて向き
　合うのか」　　　　　　　埼玉　滝村一子
「問題行動(他害など)のある利用者への支援方
　法の検討」
　　　　千葉　金室修平・村島友里絵・緑川景太
「日々動かなくなっていく身体とどう向き合い、
　理解し、支援につなげていくか」
　　　　　　　　　　　　　埼玉　金子知幸
「Aさんとともに過ごした日々」
　　　　　　　　　　　滋賀　藤井美沙子

◎はじめに

　今回は4本の実践報告がされました。特定の人(職員)に対して、お話がやめられず、作業に取り組めなかったり、暴力的な行為が頻発したり、暴言を吐いたりする障害のある人の行動をどう理解し、どう支援につなげたらよいのか、あるいは、進行性の中途障害のある人、高齢期になって老化や認知症により日々退行していく障害のある人にどう寄り添ったらよいのか、取り組みの経過をまとめた実践報告でした。

◎「問題行動」の裏にあるねがい、思いを探る

　埼玉の第4かわせみ・滝村報告では、中学生の時、祖母が亡くなったことなどがきっかけで強い不安感を持つようになり、精神薬を服用しているAさんについて話されました。作業所に通うようになってもお給料でほしいものを買いたいという衝動が強くなり、収拾がつかなくなると人やものにあたったり、特定の職員をつかまえて話がやめられず、しまいには手がでてしまい、なかなか作業に取り組めない状況が続きました。手先が器用なことから、午前中は刺繍などの手芸やケーキ作りに取り組み、午後はAさんの好きな本を読み、絵を描いたりしてきましたが、長続きせず、抜け出して大声をだしたり、「他害」行為に及んでしまう状況が続きました。

　Aさんは長年、大好きなディズニーに行くための貯金をしていました。4月にはディズニー行きを実行しようと3月にチケットを取って、ガイドブックで調べたり、何を買うか楽しみにしていましたが、当日が近づくにつれて、特定の職員への執着が強くなり、作業も集中できなくなってしまいました。"夢のお出かけ"の後の出勤日は「他害」がでるほど最悪でした。

　Aさんの支援について困り果て、専門機関に相談しました。予定がわかることは楽しみも増す半面、思いが膨らんで不安や混乱の原因にもなっていること、その不安を他者にあたることで感情を爆発させているのではないか。Aさんの抱えている不安を受けとめ、成功体験を通して「安心感を取り戻せる場所」をどのようにつくっていくのかが大切ではないかと報告されました。

　千葉の生活介護はちみつ・緑川報告では、はちみつに通所し始めたTさんの「問題」行動に対して、職員会議で、どのような支援が必要なのか議論し取り組んできた経過が報告されました。

　Tさんは重度知的障害で発達的には自我の拡大期にあり、初めての場や空間が苦手で、やりたいこと、ほしいものに対してのこだわりが強く、折り合いをつけるのが難しいことから、特定の職員や利用者に対したたく、かむなどの「他害」行動にでていると考えました。そして、「他害」行動を減らすために、気持ちをそらすように好きなシール貼りに誘ってみる、「他害」をした時、「痛い!」と大声で伝えてみる、高い視線からしっかり注意してみるなど試みました。「痛い」との声出しの時は心配そうな表情をみせていたものの、行動には変化がありませんでした。

次に、おやつの時、Tさんにお菓子隊長としてお菓子をみんなに配ってもらうと、渡した相手から「ありがとう」と言われ、とてもよい表情をみせ、Tさんなりに手ごたえを感じている様子でした。「他害」行動も減り、活動にも集中して取り組む姿や、活動の切り替えもスムーズにできる場面が増えてきました。

Tさんへの取り組みを振り返って、どうしても「他害」をなくそうと職員の意識が向きがちだが、利用者の本来の力やすてきなところにこそ着目していくことが結果として「他害」を減らしていくことにつながってきたことが報告されました。

◎中途障害、認知症の進行と向き合って

埼玉の大地・金子報告では、20歳の時にGNEミオパチーという難病の診断を受け、2年後には下肢筋力の低下から高卒後働いていた会社を辞め、8年後には歩行困難となり、現在の施設に入所したOさん。当初は趣味のパソコンでネットゲームを通じて交友の輪を広げたり、ミオパチーの患者会にも参加していましたが、障害の進行とともに男性職員と介護をめぐって衝突することが増えていきました。そこで、本人にも参加してもらい、作業療法士を交えて、障害の特性、現状を踏まえた新たな介助方法、手順を明確にして取り組むことで、職員との関係性も築きつつありました。しかし、さらに上肢や首にも力が入りにくくなり、車いすでの生活も困難になり、ほぼ寝たきりの生活になると、いらだつことも減り、車いすの新規作成・リハビリはしないと、あきらめともとれる状況となってしまいました。

職員集団としては、Oさんの選択を受けとめつつ、「やっぱりやりたい」と思えるような取り組みを模索しました。そこで、スマホでのメールやラインを通してやりとりに取り組みました。メールやラインが届くと職員と一緒に返信したり、Oさんの新たな生活スタイルになってきています。

滋賀の木輝・藤井報告では、ダウン症のKさんは学校を卒業後、いくつかの作業所に通所しましたが、行き渋りなどから46歳まで長く在宅生活を送っていました。しかし、昼夜逆転や清潔の保持などのためヘルパー利用が始まり、その後、短期入所、生活介護事業所の利用を経て、56歳の時にケアホーム木輝に入所しました。しかし、58歳の時、てんかんを発症して以降、機能低下が著しく、60歳の時にはアルツハイマー型認知症と診断され、本人も支援者も戸惑いと不安を抱える日々となりました。

体調不良もめだってきたことから、週1回訪問看護の利用を始め、ケアマネに入ってもらって生活を支える支援・体制について話し合いを進めました。しかし、再び大発作を起こし、入院となりました。退院後の生活は「慣れ親しんだ環境で安心して暮らしたい」との思いから、退院後は調子のいい時には通所し、人との関わりが増えるなかで言葉も表情も柔らかくなっていきました。4月に急遽介護施設へ移行するまでの報告でした。

◎実践を通して、内面世界の共感的理解、
　信頼関係をどう築くか

今回の実践報告はいずれも行動上の問題を抱える障害のある人たちをしっかりと受けとめ、真摯に取り組んでいます。しかし、支援者自身が行動上の問題そのものを減らしていけるかどうかの課題設定になってしまいがちです。滝村報告では、支援者自身が「お話がやめられない」相手になってしまい、楽しみにしていたはずのディズニー行きが大きな混乱を招いてしまいました。緑川報告でも、たたくという「問題」行動そのものをやめさせようとした試みはいずれもうまくいきませんでした。しかし、「Aさんの本当の思いやねがいとは何なのかに目が向いていなかったのでないか」、「Aさんの得体のしれない不安を受けとめ、安心できる居場所をどのようにつくるか」(滝村報告)。おやつ隊長のように「仲間や職員から褒められ認められる経験が自信につながっている」(緑川報告)。本人の立場に立って、そうせざるを得ない本人の不安や葛藤、混乱を寄り添うことや、「問題」行動の裏にある本当のねがいといった内面世界を探り、その人のよさや持っている力に着目して取り組むことが仲間との信頼関係を築いていくことにつながること、また、職員自身のしんどさを職員集団で共有しながら、支援の糸口を探っていくことの重要性を確認しました。

(文責　細野浩一)

12　暮らしの場での支援

運営者　児嶋芳郎（埼玉）佐藤さと子（愛知）
　　　　田村和宏（滋賀）若山孝之（埼玉）
参加者　34人（障害当事者、家族、グループホーム職員、成人期施設
　　　　職員、相談支援員、特別支援学校教員、大学教員など）

レポート
「人生の転換期を支えていく仕組みづくり」
　　　　　　　　　　　　大阪　平田隆雄
「ケアホームもやい　実践レポート〜重度知的障
　害者が仲間と暮らすことの価値を考える〜」
　　　　　　　　　　　　千葉　村瀬智弘

特別報告
「2023年度キャラバンアンケートから見えてきた
　もの」　　　　　　　　埼玉　若山孝之

◎今大会までの到達と課題
　分科会では、これまで「暮らしを支えることの
専門性」について、一人ひとり自分らしく生きる
営みとして支えることだと確認してきました。そ
の考え方を基盤にしつつ、前回は、当事者が高齢
化、重度化していて、生活の支援がより困難さを
増している、医療的なケアが必要な人も増え、重
介護化・要医療化の中で、グループホームで一人
ひとりの生き方に合わせた支援をどう実現してい
くかが大きな課題として表面化していて事業者は
頭を抱えているという声が多く出されました。現
行のグループホームの人員基準が、利用者の高齢
化・重度化に見合うものにはなっておらず、その
制度疲労・制度矛盾が、要望や不満の意見として
噴出しているのです。
　また、グループホームに移行することが地域生
活への移行と同じことのように語られたりするの
ですが、シェア生活やひとり生活など、生活の形
態は多様になってきています。どう暮らしていき
たいかを共有して一人ひとり具体化していくなか
で、多様になっている"当たり前さ"も念頭に置
きながら、病院や入所施設からどう移行を進めて
いくのか、地域移行とはどういう生活や関わりを
目指しているのか等についても、この間、意見交
換がされています。

　以上のような経過で、今大会ではレポートを通
して、①高齢化に伴う実践の報告（65歳問題の状
況）、②暮らしの主人公となる支援のポイント、
③仲間と暮らすことの価値、④意見表明、意思決
定支援、⑤多機関・多職種連携、⑥地域生活移
行、⑦必要な人員配置や報酬、⑧その他と、たく
さん討議課題がありました。

◎レポート報告と質疑
平田報告
　重度対応型グループホームで生活していた脳性
まひで身体障害1級・知的障害軽度で72歳の男性
が、2016年に作業所で転倒。その結果、長期入院
となり、車いす生活からベッド生活に。その人が
退院後の生活に着地する過程でどういうことを大
切にしてきたかの実践報告でした。
・私を抜きに決めないでください
　まず大きな課題となったことは、本人にとって
どこで生活することがよいのか、ということでし
た。ベッドでの生活を余儀なくされ、かつ医療的
ケアも必要になったことで、退院後の生活場所は
グループホームなのか、それとも医療的ケアを受
けられる療養型の施設なのか。最終的にスタッフ
会議を開き、不安な部分を出し合い、想定される
事態と対応の限界（最悪の事態も含めて）につい
て確認をし、それでも希望されれば受けとめてい
くことにしたのです。そして、そのことを家族に
説明をし、文章で確認をしました。「何があって
も本人・家族が責任を持つからホームに戻りた
い」という強い意志が家族から伝えられました。
退院となり、5か月ぶりにホームに戻ってきまし
たが、どうも本人の動きに不安定さがみられ、転
倒しそうになりました。本人に話を聞くと、「暮
らしの見通しが曖昧」ということがわかりまし
た。本人を「置いてきぼり」にして退院計画や支

援計画を進めてきていたのです。

・ "自分で全てする強さ" から "人に委ねる、頼る強さ" に

　事態が大変になるほど、支援者は忙しくなるものですが、中心に本人がいるという支援の質は揺れてはいけませんし、飛ばしてもいけません。本人のねがいや意志を引き出して、本人自身も確かめなおしながら、自分の暮らしの見通しを一緒に決めていく、そのことが重要だったのです。それに気づいてからは、本人に寄りそって取り組みを進めてきたことが語られました。すると、口癖だった「知らん」がなくなって、「"自分で全てする強さ" から "人に委ねる、頼る強さ" に」「精神的な成長を感じた」と報告ではまとめています。関係機関などの多機関・多職種の連携が基盤としてあって、彼の状態やねがいを共有しながら方針を確認し実践・更新する、実践が本人の「生きる」に新風を吹き込んだように感じました。

　参加者からは、「本人の思いを受けとめようとしているスタッフの姿からしっかり信頼をしている。感動した」「受けとめてもらえるからこそ本人が発信し続けているのでは」という意見もありました。報告者からは、本人との『やりとりノート』が紹介されました。「職員で共有するツールとして使っていたが、時間を追うと本人の心の変化などもよくわかる」と薦められました。

村瀬報告

・仲間と暮らす３つの価値

　「地域でのふつうの生活」を目指してグループホームを開設して10年が経過しました。その10年間の実践で積み上げてきた、「仲間と暮らすことの価値」について整理した報告です。仲間と暮らす価値は３点あると提起されています。

　第１は「自分の思いを伝えるという価値」です。伝えたいという変化が仲間同士の関係を深いものにしていきます。

　第２には「一歩踏み出す勇気ができる価値」ということです。パンが苦手な人が、みんながおいしそうに食べているのを見ながら、苦手を克服してパンを完食する事例をあげながら、「互いを意識し合うことで良い影響を与え合っている」とまとめています。

　第３は「仲間のことを思う価値」です。雷が怖い人が、雷が鳴る夜にグループホームのみんなに「大丈夫（だからね）」と大きな声で励ましているその人の姿を見て、いつも一緒にいる人が、雷が怖いはずなのに懸命に仲間を励ましているその姿に、思わずハグしにいって「大丈夫だよ〜」と励ましている人を励ます。村瀬さんは「一緒に過ごしてきた仲間との絆の強さ」が感じられたと報告しました。

　集団での力というのは、目には見えない気持ちなどを理解しながら、気持ちと気持ちをつなげていく力だといえるのかもしれません。

　暮らしの様子をもっと教えてほしいという参加者の声に、みんなが帰宅した時間の16時におやつで「団らん」タイムがあって、その後、入りたい人からお風呂に入るという例で答えました。夏は暑いので、早くお風呂に入りたいと脱衣所が混みあってしまうくらいなのだそうです。順番表があるわけでもなく、入りたい人が入りたい時間に入るために、お互いに調整しながら入っているそうです。風呂場では何を「団らん」しているのでしょうね。18時から夕食で、時間の少し前からキッチンまわりをウロウロしながらアピールしたりする人や、テーブルの座席は決まっていなくて、好きなところに座って食べるのですが、いつも "今日はどうだった？" と相手の様子をうかがっている声があちこちから聞こえるそうです。障害当事者の家族からは「夢物語にしか聞こえなかった」との声もあり、グループホームでの生活の支援の質は、まだまだ地域によって格差があることも実感させられました。

◎今後の議論の方向性

　上記の他にも、ホームの財政運営の厳しい制度的欠陥についての意見や、特別報告においては、近年グループホームの事業に、利潤をあげることを目的に民間企業が数多く進出してくることで、質を保障するしくみが必要になってきていることも話されました。次回大会では、もう少し①〜④の多様な暮らしの姿をみなさんで味わいながら、制度やしくみで重要なことや要望項目などを議論していきたいと思います。

（文責　田村和宏）

13　地域での生活と支援

共同研究者　小森淳子（岐阜）鷲見俊雄（宮城）松本誠司（高知）
運営者　濱田健太（岩手）若山健太（埼玉）
参加者　20名（当事者、支援者、特別支援教育関係者など）

レポート
「自律的自立生活報告」　　　大分　大林正孝

◎はじめに

　埼玉大会（2018年、第52回大会）から「地域での生活と支援」と「女性障害者」を合同しての開催となりました。

　「女性障害者」の分科会では、「障害者」として、「女性」として、複数の差別を受けていることについて実態を出しあい、解決の方向性について討議を進めてきました。

　「地域での生活と支援」の分科会では「自立とは、生活の主人公として自由と権利を拡大していく発展過程」という到達点を確認してきました。

　障害を持って地域で一人の人間として生きていくために必要なことや、地域で暮らす障害者への支援のあり方について、当事者と支援する者が実態を出し合いながら討論しました。

　今大会はオンラインでの開催となり、従来の参加が難しかった人が参加できるようになった一方で、デジタル環境がなく参加できない人がいるという課題もあるなか、当事者、支援する者、特別支援教育関係者の参加がありました。

◎レポートの概要

　今年、78歳になる大林さんは「病院で人生の終末を迎えたくない」「普通の暮らしをしたい」と思い、筋ジス病棟を出て地域生活を始めました。

　ヘルパー不足が問題化するなか、退院前に三号研修（喀痰吸引等研修）が行えたことで、ヘルパーがたん吸引、栄養注入ができ、安心して過ごせています。

　現在、ヘルパーのべ32人／週、訪問看護師のべ20人／週が、365日24時間を支えています。

　気管切開により失話をしており口唇、文字盤、通訳を介して意思疎通をはかっています。「24時間介護の主体者は自らであり、あらゆる生活場面で指示を出す必要がある」と話し、大変ななかで、障大協（障害者の生活と権利を守る大分県連絡協議会）や、ＪＲ駅無人化反対訴訟を支援する活動など障害者運動に参加している様子を報告しました。

◎共同研究者から

　レポートは大林さんのみであったので3人の共同研究者から、「地域で支援を受けつつ暮らすことについて」話題提供がありました。

「私とヘルパーさん」（小森）

　小森さんがヘルパーを使い始めたきっかけは、子どもが生まれ、子育ても家事も自分でやるのが、体力的に厳しくなったからと言います。そして、現在は週に90分×3回、家事援助（掃除・食事の下ごしらえ・買い物など）の支援を受けています。

　小森さんが利用し始めた頃は、居宅介護に子育て支援がまだなかった頃だったので、ヘルパーさんは子どもに触ってはいけませんでした。しかし、子育て経験のある女性が赤ちゃんに触らずにはいられないと、爪切りやおむつ替えなどずいぶんやってもらえました。結局20人以上の子育て経験者に子育ての悩みを聞いてもらえるという、恵まれた環境ができていました。さらに、途中から立場が逆転しました。「私が、若いヘルパーさんたちの子育ての相談にのる。若いヘルパーさんたちが私を一人の人間として、親として認めてくれることが嬉しかった」と小森さんは言います。

「僕の生活を支えている福祉制度」（鷲見）

　鷲見さんが利用している障害福祉サービスは、「居宅介護　身体介護」、「居宅介護　家事援助」「仙台市独自の移動支援」、「訪問入浴」で、これ

らを組み合わせて、日々の生活と活動をしています。活動としては、きょうされん宮城支部の活動、NPO法人「多夢多夢舎中山工房」の代表理事として週2回職員会議に出席しています。

さらに鷲見さんの人間性が出ているように思えることとして、県外に行ったり宿泊したりする時には友人にお願いすることもある。また、ヘルパーとの関係が良好なので、ヘルパーが自主的に年休を活用し県外宿泊等にも同行してもらえる関係性を構築していると言います。ただし、旅費等の実費は負担しています。

鷲見さんの最大の不安はまもなく訪れる65歳問題だとのことです。

「僕の生活」（松本）

毎朝、7時にヘルパーさんが来て、シャワー、朝食、洗濯、掃除、食材の下ごしらえをしてもらいます。昼間は共同作業所に通っています。作業としては、空き缶回収、プレスして納品、クッキー・コーヒーの販売、きょうされんの物品販売などをしています。

作業所が終わると、全障研、障高連（障害者の生活と権利を守る高知県連絡協議会）など市民活動をして、帰宅するとヘルパーさんが下ごしらえした食材を使って食事し、ビールを飲むのが楽しみです。

最近困っていることは物価高騰です。2023年1月、電気代の請求が2万円を超えていました。障害者年金の1／4が電気代に消えたことになります。また、高知では公共交通機関がなく、自動車が主たる移動手段となっているため、生活が苦しいです。

今、軍拡でなく生活支援をしてほしいです。

◎討論の内容

大林レポート、3人の共同研究者からのメッセージをもとに「地域で暮らす」「支援を受ける」ということを討論しました。その中で、2022年に引き続き参加した愛知の大学生の橋本さんから次のような発言がありました。

「前回、この分科会に出席した時は、実はまだヘルパーを使っていませんでした。2022年12月から居宅介護のヘルパーを使い始めました。週2回か3回、家事支援をヘルパーにお願いしています。自分一人でなんとかできるのですが、ヘルパーを使い始めて少し人にお願いをすることで、身体的にも楽になったと感じています。大林さんのレポートも聞いて、『人にお願いをするという、このハードルの高さ』を私もすごく感じていましたが、お願いをするのを慣れてしまえば私の場合はスッといけましたが、それまでは『頼んでいいんだろうか』という思いから私はヘルパーを使わずに一人暮らしを2年ほど頑張ってきました。大林さんのお話を聞いてやっぱりそういうことってあるよなとすごく共感をしました」と支援を受けるまでの「心の葛藤」と、支援を受けることで「暮らしがよくなる」ことをリアルに語ってくれました。

相談支援に携わっている参加者からは、「ヘルパーさんと自分（利用者）とのいい関係をどう築くのかは本当に大変なことだ思います。橋本さんと大林さんの話を聞いて日々の積み重ねのなかで地域生活が紡ぎ出されていくんだろうと思います」「私は、地域生活をしている人でも、精神障害や知的障害がある人を相談支援で担当することが多いです。人間関係をつくったり、自分を表現したり、発信したり伝えることが苦手な人が多く、どうしてもヘルパーさんの存在がすごく近くなってしまう場合もあり、その距離の取り方も含めて、ずいぶん時間をかけて関係をつくっていく必要があるように思います」と発言がありました。

各地から社会資源の問題が出されました。どの分野でも「人手不足」が深刻になっていることが出されました。小森さんの利用している「事業所」は地元の社会福祉協議会ですが、2023年度で「ヘルパー事業から撤退」すると言われ、現在、交渉をしているとの話もありました。公的な事業体が撤退することは、地域で暮らす障害者の「安心安全」の後退につながります。「障害者が地域で暮らしていることをアピールしていくことも必要ではないか」という意見も出されました。

◎まとめ

今回は、共同研究者によるまとめはしませんでした。2024年の奈良大会ではリアルに参加して、分科会をさらに盛り上げようと確認し、分科会を閉じました。　　　　　　（文責　松本誠司）

14　重症心身障害、肢体不自由のある人たちの生活と発達

運営者　武田俊男（東京）竹脇真悟（埼玉）
　　　　原田文孝（兵庫）古澤直子（東京）
参加者　40名（特別支援学校教員、療育施設職員、成人施設職員など）

レポート

「もっと見て、もっと触れて、楽しい世界を広げ
　て　Aくんについてレポート」東京　松本一色
「子どもに聞きながら授業を作る　～Aくんとの
　授業作りを振り返って～」　　　茨城　鈴木輝子

　今回報告されたレポートは、2本とも学齢期の
実践でした。どちらも障害の重い子どものねがい
をつかみ、それを授業や実践へとつなげていった
経過が丁寧に綴られていました。重症心身障害と
いわれる子ども・人たちの実態やその子のねがい
をどのようにつかみ、関わっていくのかが本分科
会での討議の主題となりました。

◎レポート報告

松本報告　特別支援学校（肢体不自由）高等部の
Aくん。手やタオルを噛む、腕の強い引き込みや
手の握り込みがあること、興味の薄い授業では眠
ってしまうAくんの様子から、松本さんは、もっ
と手を使ってほしい、目や手から感じられる世界
を広げてほしいとねがい、授業に取り組みます。
側弯があり、車椅子に座っていても頭部の支持が
難しく、腕を引き込んでなんとか姿勢を保ってい
るAくんに、松本さんはプロンキーパーを利用
し、うつぶせ位をとり、学習に向かうための全身
の調整（リラクゼーションや手腕で体重を支える
感覚を学習）を丁寧に行います。また、学習時の
姿勢をサポートするための対策もしました。

　その上で、国語・数学では、生徒たちが「見た
い、触れたい」と思うような授業を様々に展開し
ます。Aくんが好きな相撲を題材にした読み聞か
せや再現活動については、松本さん自身がとても
楽しそうに授業やAくんの様子を語ってくれたの
が印象的でした。また、生活単元学習では、手を
使って物を操作する、道具を扱うといった活動を

取り入れ、バスボム作りや紙すきを行いました。
松本さんは、身体障害が「見る」や「触れる」学
習の障壁になっていることがあり、それを軽減
し、感じ取りやすい身体にすることと、そこに触
れたい、見たい、やりたいと思える学習（教材や
文化）を用意することで、生徒自身が「触れる・
見る」といった障壁を乗り越えていくことにつな
がるとまとめました。さらに授業については、学
習指導要領や教科といった枠組みに縛られ、生徒
が興味を持てない授業になっていないか、心を動
かし、世界を広げる学習になっているかを考えた
いといった問題提起もありました。

鈴木報告　小学2年生の時に中枢神経系の進行性
疾患を発症したAくんを、5年生の時に訪問教育
で担任した鈴木さん。引き継ぎでは「突然の大泣
きが多く、原因は不明。意思疎通が難しく、授業
が困難」とあり、主治医からの文書には「ストレ
スが病気の進行を進める。進行により感覚が失わ
れていく」とありました。

　授業初日から泣き続けたAくんの様子を鈴木さ
んは「Aくんは理由があって泣いている」「母親
の言葉に反応している」、そして身体がとてもし
んどそうであると捉え、そこから"Aくんに聴く"
ことを丁寧に実践していきます。鈴木さんはAく
んの状態に思いを馳せ、病気により自己肯定感が
低くなってしまっているのではないか、泣くこと
がAくんの唯一の自己表現であり、自分の存在を
確認する手段なのではないかと考えます。そし
て、泣くことを全面的に受け入れ、気持ちを言葉
で表わして関わることで「泣かなくても思いは伝
わる」ことを伝え続けました。

　そして、もう一つ取り組んだことが、動かせる
身体づくりでした。座位をとること、手を使うこ
とを授業で取り組んでいきます。Aくんに聴きな
がら、丁寧に身体に触れ、余分な力を抜き、座位

をとっていきます。その中で鈴木さんは、わずかですがＡくんが力を入れて動かそうとしていることを感じ取り、それを褒めることを繰り返しました。手を動かす活動では、Ａくんの手の動きから、「書きたい」という気持ちを感じとり、そこから文字を書くことに挑戦し始めます。６年生になった時には、自分で考えた言葉を書くようにまでなった様子を写真で紹介してくれました。

鈴木実践は、"Ａくんに聴く"ことを徹底して貫いていました。なぜ泣くのか、Ａくんの気持ちに思いを馳せ、こうではないかと尋ねること、座位をとる活動では触れる部位、動かす部位などを丁寧に伝え、Ａくんの了解をとること、授業においても、Ａくんが何をしたいのか、Ａくんに聴きながら取り組んでいったことが報告されました。

◎討議の概要
子ども理解について

鈴木さんからは、先入観をもたず、自分がＡくんだったら…と考えることで、泣きたい気持ちや文字を書きたいという気持ちを共感的に捉えることができたと発言がありました。お父さんに誕生日カードを送る提案をした時にほんの少し口角があがったＡくんの様子や、桜の木を描いた時にＡくんの手から、自分で動かそうとしている意思が感じられたことなど、具体的なエピソードを紹介し、微細な表出を丁寧に読み取り、それを確信し、授業を展開していったと話されました。その一方で、自分の捉えが合っているのかという怖さを抱えていると吐露され、同僚と話をすることで、集団的に子どもの姿を捉える努力をされてきたことが話されました。

療育施設の職員からは、障害が重いからわからないだろう…と決めつけず、思いをくみ取り、意味づけし、関わることを積み重ねていくことが大切だと感じていると発言がありました。また、成人施設の職員からは、仲間の表出をわかってあげ、仲間が伝わったと感じとる、それを繰り返すことで仲間の発信が増えたり、より発信が強くなったりしていく様子から、発信を受けとめてもらうことで、40歳、50歳でも仲間が変わっていくことを実感していると発言がありました。

レポートは２本とも学齢期の報告でしたが、ライフステージを越えて、障害の重い人たちとの関わりの様子、理解を深めるための職場での取り組みなどが語られ、レポートを深める討議につながりました。

また、共通して語られたことは、言葉のない子どもや仲間においては、関わりを通して自問自答をしながら子どもを捉え直していくこと。「もしかしたら…」「こうかもしれない…」と考えたり、子どものねがいや興味にチャンネルを合わせたりできる感性を磨いていくことが求められること。そのためには、同僚と話し合い、独りよがりにしない集団的な話し合いの中で子ども理解を深めること、学び合いが大切であることです。

２つのレポートに共通する討論

どちらのケースも、身体のしんどさ、きつさを解放する、身体のベースを整える取り組みが大切にされていました。身体がきつい状態では関わりが困難なだけでなく、学習などに気持ちが向かいません。レポーターからは、身体や呼吸を整えることがその子の自己肯定感を高め、意欲や困難を乗り越える力につながっていくと語られました。

また、なぜその教材を選んだのか、教材理解についても考えていくことが大切ではないかといった提起や、医療とは違う教育的な子どもの見方や関わりや、日々の生活への視点などの大切さも提起されました。

◎討論のまとめ

２本のレポート報告と討議を通し、重い障害のある子ども、人たちの思いや願いを大切にし、生活や発達を支える実践において、大切なことを学び、確かめ合うことができました。

分科会運営者からは、70年代のびわこ学園での取り組みが思い出されたという発言がありました。マイナスにみえる「寝る、泣く」といった様子を、要求として捉えることで、子どもの見方が変わり、その子との関係性も変わっていったという実践。「本人はどう思っているだろう」という問い直しを原点にし、集団的に子どもを捉え直し、見方を変えていった職員たち。「その時代からの実践的な学びの蓄積があって、今の特別支援教育がある」と締めくくり、これまでの討議をまとめる発言となりました。　　（文責　古澤直子）

15　知的障害のある人たちの生活と発達

共同研究者　小倉崇(埼玉)越野和之(奈良)
運営者　石田誠(京都)福嶋祥暁(奈良)
参加者　18人

レポート
「自分の居場所を探して　〜選択が生活を豊かに
する〜」　　　　　　　　　　奈良　北川さち
「Ｚくんとの関わりを通して感じてきたこと」
　　　　　　　　　　　　　　京都　渡邊陽香
「自分探しを通じて、色々な事に挑戦していくT
さん」　　　　　　　　　　　埼玉　芝田達哉

◎はじめに

　第15分科会は、ライフステージを貫く実践と課題について議論する分科会として、特別支援学校小学部の実践、特別支援学校高等部の実践、作業所の実践をもとに、それぞれの生活年齢において、知的障害のある人たちとの生活をつくっていく上で大切にしたいことを話し合いました。参加者も、学校の教員、児童発達支援センターの職員、成人期の相談支援や作業所、グループホームで実践する人、また、障害のある人の家族と、様々な立場から参加が得られ、学び合うことができました。

◎レポートの概要
北川レポート

　奈良の北川さんからは、教師になって1年目に出会ったハナちゃんと一緒に過ごした小学部卒業までの2年間、彼女と共に学校生活を悩みながらつくっていった実践が報告されました。

　ハナちゃんは、発達的には2歳〜3歳頃の力を豊かにしていく段階で、自閉症スペクトラムの「0か100か」がとてもはっきりとした、元気な女の子です。担任として出会った5年生の1学期は、なかなか関係ができず、北川さん自身もハナちゃんもつらい思いをしたとのこと。しかし大好きな音楽の授業をきっかけに、ハナちゃんの好きな歌を一緒に歌うなど、ハナちゃんから少しずつ北川

さんに心を許しはじめることができたそうです。

　そうしてハナちゃんとの日々が楽しくなり、小学部の卒業という節目を半年後に控えた6年生2学期の半ば、ハナちゃんの誕生日に、突然ハナちゃんが学校へ行くことを拒み始めました。ハナちゃん自身がとても楽しみにしていた自分の誕生会を拒んだことに、北川さんは大きなショックを受けます。

　そこからなんとかハナちゃんが学校に来ることができないかを探り始めます。いろいろな働きかけで学校に来ることができた日は、何事もなかったかのように学校で楽しく過ごすのですが、そのことが次の登校につながりません。このまま学校に来ることができなくなるのではないか…そんな不安もありながら、ハナちゃんの「学校に行かない」の選択、それを伝えようとしていることを、ハナちゃん自身も「伝わった」「先生がわかってくれた」という形で「受けとめる」ことに取り組んでいきます。具体的には、形で残るよう次の日の予定と、登校かお休みかをハナちゃんが選ぶことができるプリントを手渡し、やりとりを始めていきます。ハナちゃん自身がそうして行かないことを一つの自分の意志として選んでお休みをすることで、心からリラックスし、次へのエネルギーを溜めていきました。

　卒業式前には、週3日ほど自分から登校できるようになり、迎えた卒業式。練習はできなかったのですが、とても立派に、誇らしげに式に参加したそうです。最後のホームルームでは、北川さんの話の時にハナちゃんが見たことのないような号泣をしたという感動的なエピソードが語られました。

渡邊レポート

　京都の渡邊さんからは、高等部で軽度の知的障害のある生徒たち10人の学級で、「映画づくり」

の授業を通して変わっていったＺくんの姿とそこから学んだことを報告されました。

　Ｚくんは発達的には11歳頃の力を持っていますが、折り合いをつけることや、衝動性から時間やきまりを守ることが難しく、そのことで周りの生徒たちとの関係に課題のある生徒でした。友達と関わりたい気持ちがあるのですが、その行動から友達から認められることができにくい経験を積み重ねてきています。

　渡邊さんは、そんなＺくんが集団の中で自分の得意なことを十分に発揮し、みんなに認められる経験を積み重ねてほしいと考え、コロナ禍で中止になった文化祭の代替として、みんなで文化的な取り組みをつくり上げてほしいと、映画をつくることを構想していきます。

　この構想が大ヒットし、Ｚくんはアドリブも含めてノリノリで映画作りに主体的に参画していきます。あまりに連発するアドリブに、周囲の子たちは「また勝手なことをして」という思いを持つのですが、次第に周りの生徒たちも「あんなに演技ができてすごい」と見方を変えていきます。映画を作り終えた後、「3学期にもやりたい！」「脚本も書いてみたい！」と、Ｚくんがこの取り組みを通して得た達成感が感じられる言葉がたくさん聞かれたそうです。

　2年生になっての映画づくりの取り組みでは、後輩の1年生を気遣う姿などもみられ、さらに力を発揮し、集団をリードするまでに成長しました。その後の進路の取り組みでも、自分の苦手なこと、得意なことを見つめ、「こうなりたい」をしっかりと自分の言葉で語ることができるようになった姿、衝動性を自分の力でコントロールしようとする姿を見せました。集団で目標に向かって力を合わせていくこと、その中で自分の役割を果たしていくことの価値を確認することができた報告でした。

芝田レポート

　埼玉の芝田さんからは、26歳のＴさんが、楽しく働いていた作業所に通うことができなくなりましたが、新しい作業所ができて、そこに移ってからは、干し芋づくりの作業を頑張っていることなどが報告されました。Ｔさんの心の変化や、働くことを通して自分の居場所をつくっていくことの大切さが語られました。

　北川レポートとも通じるのですが、日中活動の場に「通えなくなる」ことをどう考えるのか、その人がやりがいを感じられる作業や、安心できる居場所をどうつくっていくのかということを参加者みんなで考えることができた報告でした。

　Ｔさんが通えなくなった原因は今もわからないけれども、Ｔさんが作業所に通えなくなった日々に、お父さんと一緒に建設中の新しい作業所を見つめ、新しい場所への思いを馳せていたのではないかというエピソードが語られました。

　職員の心配をよそに、新しい作業所が建ち、そこに移ってからは毎日元気に、新しい作業でもある干し芋づくりを頑張るＴさん。干し芋づくりは工程もわかりやすく、自分たちで畑で育てたさつまいもを使うことや、その「味」を確かめながらつくっていくことができる作業で、Ｔさんの充実した仕事ぶり、生き生きと働く姿が、写真と共に確かめられました。

◎議論とまとめ

　3本のレポートを通して、実践者が徹底して子どもや仲間に「寄り添う」ことを大切にし、そこを基盤に実践がつくられたこと、そのことの価値を確認しつつ、「寄り添う」ってなんだろう、ということについて、参加者それぞれの立場や経験から議論を深めることができました。障害のある人の家族からは、わが子が大切にされた学校時代を経て、今も楽しく働けている、豊かに人生を切り拓かれていることが語られ、レポートにあるように、一人ひとりの声にならない「思い」に、私たち実践者が思いを馳せ続けることの大切さが胸に刻まれました。

　若い実践者、参加者からは、学校、生活の場、日中活動の場、働く場など、それぞれ支援する人たちの年齢や場が違っても、一人ひとりの思いを大切にし、一人ひとりに「合った」取り組みや集団づくりを手放さず頑張っていきたいと決意が語られました。

（文責　石田　誠）

16　自閉スペクトラム症、発達障害の人たちの生活と発達

共同研究者　赤木和重（兵庫）別府 哲（岐阜）
司会　岡田徹也（滋賀）金澤園子（神奈川）
参加者　50名（当事者、家族、学生、学校教員、施設職員など）

レポート
「オレは長いものが好き！青騎士になりたい‼
　─自閉スペクトラム症青年の変化─」
　　　　　　　　　　　　　茨城　萩原君江
「息子らしく生きるために」
　　　　　　　　　　　　　埼玉　吉野由里子

◎はじめに

　本分科会は2019年の長野大会以来の開催となりました。分科会ではレポートを聞いて、参加者みんなで話して、考えて、学びあうことを大切にしてきています。今回はオンライン開催で午前にレポート報告と全体討論を、午後にグループ討議を行いました。

◎レポート報告と討論内容
萩原報告

　「正義の青騎士」と「長い棒」が好きなＹさんの３年間の実践が報告されました。

　Ｙさんとは会話はあるものの言葉の理解が難しく、激しい怒りの表出がありました。萩原さんたちはＹさんの「長いものが好き」といった「こだわり」を大切に実践されました。例えば、長い障子紙に絵を描くことや彼の宝物である「さすまた」を使った不審者訓練、彼のコレクション参観などが実践されました。その後、市民ギャラリーを使用した展覧会など、実践は仲間から地域へと広がっていきます。Ｙさんも仲間や地域に受け入れられるなかで、自ら職員に話しかけたり、彼の絵に仲間や職員が描かれるようになったり、忘れ物をしたりするなど変わっていく姿が報告されました。

　最後に萩原さんからは、自分らしく生活していくことの大切さが報告されました。

　討論では、本人の好きなことを大切にすること、それが仲間や地域で認められていくことの大事さや、プラスの環境があるから自分らしく生きていくことができるのではないかという発言がありました。また、それを可能とするためにも長期的な支援や様々な活動が可能となるように制度を知り、制度を使うことの大切さも出されました。

吉野報告

　現在24歳、切り絵が大好きな吉野さんの息子さんは、生活での決めごとが多くあります。たとえば、毎朝、家中のカーテンを開け、テレビを大音量でつけ、冷凍ご飯を２つ温めて、家族が起きるまでは自由に菓子やパンを食べるなどです。家族は無理をせず、家族全員の生活を大切に過ごしています。

　彼の学校時代は音の過敏さや集団への入りにくさがありました。高等部の時期には、給食後の嘔吐やスクールバスに乗れなくなるなどしんどい状況になりました。平穏に過ごすために２年生では学校に行かない選択もしています。その後、学校との話し合いのなかで学校での居場所を見つけることができました。

　卒業後は、アートを仕事とする施設で働き始められます。切り替えの難しさや帰りにくさ、休日後の荒れなど、しんどくなるたびに職員からの提案や話し合いがされました。そのなかで彼も安心して通所できるようになってきます。最後には、彼らしく生きるための条件整備の課題やこれからの抱負が報告されました。

　討論では、ライフステージのそれぞれの段階で大切にしたいことが出されました。また、学齢期の姿から、親が教師や支援者に求めることが質問されました。報告者からは専門性を発揮して、親と本音で話し合ってほしいということも出されました。また、コロナ禍の生活の難しさやそれぞれの工夫も出されました。

◎分散会報告

「ライフステージを見通して、自閉スペクトラム症、発達障害の人たちの子どもの時期に大切にしたいこと」を討議の柱としてグループ討議を行いました。一部になりますが報告します。

まず、子どもの時期は興味や関心が狭いことが多い。そのため、その人と関わる人が一緒に遊んだり、楽しい時間を共有したりしながら「たのしさ」や「好き」をみつけていきたいことや、その人にとって安心できる人との関係をつくっていくことの大切さが出されました。

一方で子どもの時期には〈就学までに〉や〈低学年のうちに〉〈卒業するまでに〉といった時間的な区切りを意識するあまり、卒業後の時間的なゆとりと比較して、子どもを追い立ててしまう危険性も出されました。すべての時期で、好きなことがたっぷりと保障される時間や空間、仲間があることの大切さが出されました。

また、パニックやこだわりなど、その人のネガティブな行動の理由をわかることや好きなことを見つけることの難しさも出されました。その人らしく生活していくためのヒントやきっかけとして、その人の生活や過去にさかのぼってのエピソードなどを知る家族から学ぶことの大切さもそれぞれの実践から報告されました。

◎まとめ

午前中のレポート報告や討論を受けてのまとめの発言です。

①好きなことを一緒に楽しめる仲間や地域の存在や自分のことをわかってもらっていると感じる体験のなかで、その人らしさや自分らしさができていく。

②自分らしさができてくると、他者を受けいれる自分をつくっていける。他者に受けいれられる体験は、他者を同じように受けいれようとする力になっていく。

③家族から学ぶことが大切である。その人の好きなことなど、その人を知るヒントは苦しさもあるけれど、楽しさも体験してきた家族や家族と一緒に過ごした歴史のなかに手がかりがあることが多い。そのためにも家族を支える支援やシステムについて考えていきたい。

④「みんなといっしょに」や「つながる」という言葉は使いやすい言葉である。しかしながら、この言葉が報告にあるように苦しめてしまうこともある。「みんなといっしょ」や「つながる」ことの意味を考えていきたい。

以下は、午後のグループ討議の報告を受けてのまとめの発言です。

①自閉症の人たちは「共感されにくい」という障害や生活の苦しさがある。私たちは一緒に「たのしい世界」をみつけていきたい。

②その人の世界をおもしろがることを身近な家族や職員から、仲間へ、そして社会へと広げていくためには工夫や仕掛けが必要である。

③「問題行動」と言われる行動には理由がある。しかし、その行動が激しくなると理由よりも抑えることが目的となりがちである。すべての行動に理由があると考えて実践することが、共感される・共感する関係を広げていくことにつながっていく。その土台やきっかけとして、歴史や生活を知る家族から学ぶことが大切である。

④生き急いでしまいがちな現代社会のなかではいろいろな世代や立場の違う人たちが集まって話し合うことが展望をひらくきっかけになる。

（文責　岡田徹也）

17　障害のある人の性と生

司会・運営者　岡野さえ子(山口)　河村あゆみ(岐阜)　木全和巳(愛知)
　　　　　　　中澤桃子(長野)
参加者　30名（当事者、保護者、教員、施設職員など）

レポート

「すべての人に科学と人権の包括的性教育を！」
　　　　　　　　　　　　　東京　日暮かをる
「どうする？『生命（いのち）の安全教育』〜あ
　らためてふれあいの大切さを考える〜」
　　　　　　　　　　　　　山口　岡野さえ子
「対話を重ね、言葉をつむぎ、学びをつくる障害
　のある仲間たちのゆたかな暮らしを語り合う会
　―ワンチームドリームトライ―の取り組み」
　　　　　　　　　　　　　岐阜　河村あゆみ

　分科会基調では、格差と貧困が広がる社会の中で、「性と生」の管理が強まっていること、学校現場では、道徳的な教育ともいえる「生命（いのち）の安全教育」が導入されていることなどが確認されました。

　コロナ禍によるつながりの希薄化、業務の多忙化等が進む中で、障害のある人が豊かに生きていくための性の支援や学びについて、どれだけ向き合い、話し合うことができているでしょうか。障害のある人たちの性と生の権利を、生涯にわたって保障していくためにはどうしたらよいか、3つの実践をもとに改めて考え合いました。

◎レポート報告

日暮報告　日暮さんが体調不良のため、任海園子さん（東京）が代理で発表しました。

　今回、七生養護学校の性教育攻撃（都立七生養護学校事件）のことを改めて振り返ることで、教育のあり方そのものについて考え合いたい、学び合うことで社会に根付いた性の偏見から自由になっていくのではないか、そのような思いがあった日暮さん。任海さんも、七生養護学校の闘いは、自分事として共に闘ってきた思いがあると話します。

　七生養護学校の性教育攻撃を振り返る中で、奪われたのは「性教育」だけではなかったといいます。思いが込められた教材の一つに「からだうた」がありました。子どもたちに、自分のからだを意識し、各部には名前があり大切であることを学んでほしい、という思いからつくられたものです。しかし、新聞記者を伴った都議や都教委など視察に来た人たちは、それらの教材を「過激性教育」「アダルトショップ」などと批判・罵倒しました。大切な教材も全て持ち去られ、教育の権利も、自由も奪われたといいます。当時のできごとは、任海さんの職場でも連絡があり、まるでスキャンダルがあったかのような伝え方だったそうです。厳しい状況の中でも裁判を闘い続け、勝訴しましたが、依然として性教育は広がっていないのが現状であると話します。ここ最近は包括的性教育へのバッシングも再度広がってきているといいます。

　日暮さんは、「伝えることよりも、子どもの内面の声を聞き取ることの方が大事」と、よく話していたそうです。七生養護学校の性教育実践を振り返る時、それはまさに「包括的性教育」そのものだったと確信しているといいます。

　任海さんは、まずは性に対する大人の意識を変える必要があると話します。子どものことも、一人では受けとめきれないことは、膝を突き合わせながら話をして、お互いに支え合いながらやっていけるとよい、とまとめました。

岡野報告　これまで、包括的性教育の実践を積み重ねてきた岡野さん。コロナ禍の影響で、ふれあいの文化を取り扱うことが難しい中で、文科省が進める「生命（いのち）の安全教育」の研究協力校となったそうです。性暴力の被害や加害を防止するための学習として導入されたものが、子どもたちにどのような影響を与えるのか、実践を通して感じたことを伝えたい、という思いからの発表

です。

　岡野さんは、「生命（いのち）の安全教育」の資料をアレンジして使いながら授業を組み立てたそうです。文科省の資料だけでは、「なぜ、からだが大切なのか」ということまできちんと扱われていないため、自分のからだを守るとはどういうことか、嫌な触り方をされそうになったらどうするかを考えたり、「一本橋こちょこちょ」など、楽しくふれあうことができる活動を保障したりしました。

　学習を通して、「生命（いのち）の安全教育」でねらいとしているような、嫌なことを嫌と表現できたと感じたのは、4〜5歳程度の発達段階の子どもたちであり、直接的に人間関係のルールを教え込むような内容は、苦しさを感じる子どもたちもいると感じたそうです。

　一方で、ふれあいの活動は繰り返し行うことで、自然と輪の中に入れるようになったり、相手に触れる力加減が上手になったりするなどの変化が見られたそうです。ふれあいのある遊びには、子ども同士を繋ぎ、子ども自身が自分で人とのかかわり方をつかんでいけるような魅力があると話します。子どもが性の被害者、加害者、傍観者にならないために、学校や家庭、放課後の居場所が、子どもにとって安心・安全の基地となることが大切であるとまとめました。

河村報告　活動を始めて3年目になる「ワンチームドリームトライ」は、岐阜県と愛知県に住む知的障害や肢体不自由のある20〜30代の青年たちが集う場です。1年目、スタッフ同士で青年たちの現状や課題について考える中で、「青年たちの声が聴きたい」「共に学びたい」という思いがあり、そうして生まれたのが「ワンチームドリームトライ」。会の名前も青年たちで好きな言葉を出し合って決めたそうです。

　コロナ禍で、参加のしやすさも考えてオンラインで実施することに。青年たちが学ぶ内容は、包括的性教育やジェンダーなど幅広く、毎回、動画を視聴して感想交流をしているそうです。デートの「わりかん」の話では、「デート代は男が払うもの」「彼氏におごってもらいたい」など、ジェンダーバイアスのかかった話が出てきたといいます。また、自分の性器に触れることを肯定的に捉

えられていない、生理のケアも困っている青年がいることも知ったそうです。これらの話を聞いて本当につらかったという河村さん。性教育のネグレクトはからだのケアまでストップさせてしまうと、改めて考えさせられたといいます。

　「話す人がいないから、仲間に会いたい」「みんなで学びたい」——そんなねがいがあったと河村さんは話します。対面で集まることが難しくても、「仲間主体の学びの場をつくりたい」「対話を大切にしたい」という思いを大切に取り組んできたそうです。予想以上にゆるく語り合える場になってきて、河村さんは、会の最初に挨拶をしあう雰囲気や緊張がほぐれていくような、ゆるい入室タイムが大好きだといいます。会いたい仲間がいること、学びたいことがあることは、明日への原動力になるとも感じているそうです。

◎討論とまとめ

　分科会全体を通して、マスターベーションに関わる悩みが多く挙げられた印象があります。ある放課後デイの事業所では、職員で何度も話し合いを重ねながら、マスターベーションの支援を行ってきた話がありました。また、保護者の方からは、教員の性加害問題について不安に感じている声がありました。

　きちんと性教育を受けてこなかった大人が多いからこそ、性について根本的に学び直せる場が必要であると感じます。仲間同士や職場等でそのような場をつくり、学び合うなかで、自身の性とも向き合いながら、豊かに生きていくための性の支援のあり方について考えていけるとよいと感じました。

（文責　中澤桃子）

18　障害者運動

運営者　家平 悟（東京）河合隆平（東京）塩見洋介（大阪）
　　　　高梨恵子（東京）
参加者　24名（障害当事者、家族、元教員など）

レポート

「東京の障害者運動を、あらためて共同のとりく
　みで」　　　　　　　　　　東京　垣見尚哉
「障害者の家族とともに歩んで　―川口市民の会
　の取組み―」　　　　　　　埼玉　久遠貞志

　最初に、運営者の家平さんから情勢報告があり
ました。安保三文書と軍拡関連法二法案による軍
拡が推し進められ、障害者や高齢者を全く無視し
てマイナンバーカードと健康保険証の一体化が強
行されようとしています。次期報酬改定では、自
立支援法違憲訴訟で勝ち取ってきた無料化や負担
軽減策を抑制する動きもあります。こうした障害
者の人権を踏みにじる政策が進められるなか、障
害者・患者9条の会への結集と、憲法と障害者権
利条約、総括所見、基本合意、骨格提言を実現さ
せていく運動が求められると提起しました。

◎レポートの概要と討論

垣見報告　垣見さんからは、障害者と家族の生活
と権利を守る都民連絡会（障都連）の「まちづく
りと防災」の取り組みが報告されました。障都連
は1966年以来毎年都民集会を開催し、現在21団体
が加盟しています。防災については個別の相談に
よる取り組みを進めていますが、個別避難計画の
作成が課題です。自治体への調査からは、避難計
画の不十分さ、支援者が決まらない、避難訓練な
どの課題が明らかになりました。一方、個別避難
計画の作成、行政等の避難訓練への参加等、自分
たちでできる取り組みも大切にしています。

　まちづくりでは他団体との協力が重要です。東
京視覚障害者協会は都障教組の組合員と協力して
盲学校の最寄駅のホームドア設置の状況調査と要
請を行い、柱への衝突防止策などが実現していま
す。一方、自治体との連携も重要です。東京オリ・

パラに向けて国や都の委員会で意見を述べたり、
東京都産業労働局の『バリアフリーツアーガイ
ド』作成にあたり、意見交換やモニター協力をし
たそうです。

　最後に、今後の方向性として、さまざまな団体
との連帯・共同、行政との連携を提起されました。
障都連の市橋さんからも、国立競技場や野球場の
車椅子席（応援する球団とは違う席で観戦しなく
てはいけない等）は市民的権利の保障という視点
で整備が必要であること、駅のバリアフリールー
トもエスカレーターが使えなかったり、一旦外に
出ないとエレベーターが使えなかったり、改善を
要請しているとの発言がありました。

　防災にも住民自治が大切であり、日常的なつな
がりを広げ、社会資源を横に結びつけていくこと
が大切であるとの意見が出されました。滋賀の肢
体障害者団体では県内の当事者に調査したところ
「誰に助けを求めたらいいかわからない」「避難
所に行くより家にいたほうがまし」という声が多
く寄せられたそうです。京都の参加者からは、個
別避難計画に名簿登載されていると思って自治体
に問い合わせたが、対象は独居者のみであり、改
善を求めているという意見がありました。埼玉の
参加者からも、避難所に職員をすぐに配置できな
いため、自宅待機がほとんどであり、在宅避難者
への連絡・支援も課題であるとの発言がありまし
た。行政からも他自治体の状況や情報を知りたい
という要望が届いており、行政と連携した取り組
みが命を守ることにつながることを確認し、災害
対策基本法施行の規則改正をふまえた運動が提起
されました。スウェーデンの参加者からは、防災
について日本の方が進んでいる印象を受けたが、
自分たちで出かけていって意見を述べること、ち
ょっとしたことから変えていくことが大切である
との発言がありました。

運営者の高梨さんは、博物館や美術館の車椅子経路で行くと通常の順路と違うことがあり、文化やスポーツを楽しむ当たり前の権利として声をあげていく必要があると述べました。そして、青年学級でも防災に取り組む中で、本人がSOSを出せることを大切にしてきたことが語られました。

久遠報告　川口市民の会は1975年に結成され、久遠さんは1977年に川口養護学校に赴任した時から参加してきましたが、退職後再び事務局長として運営に携わっています。市民の会では、毎月1回の定例会、ミニ学習会、施設見学などに取り組んでいます。要求実現に向けては、市内の事業所や他団体と懇談しながら「要望書」を作成するとともに、家族の思いやねがいを「家族の手記」としてまとめています。毎年継続している市との懇談会も交渉ではなく、話し合いの姿勢で臨んでいます。会員同士のつながりづくりのために会報を毎月発行し、春と秋のバス旅行も本人や家族の楽しみとなっています。

運動の重点は「暮らしの場」の整備です。2017年に企画した地域学習会には、会場の収容人数を超える参加がありました。2016年に短期入所施設（しらゆりの家）が開所しましたが、常に満室状態で、増設を求める声があがっています。短期入所アンケートを通じて市民の会のことを知り、自ら入会してきた家族が2名いました。

また、川口市内に肢体不自由特別支援学校がないため、越谷特別支援学校や和光特別支援学校まで往復2時間半から3時間の通学を余儀なくされたり、医療的ケア児は保護者送迎となっています。そこで2019年度には市内に肢体不自由校新設を求める署名を市に提出しました。

2025年には結成50年を迎えます。会員の高齢化が進み、若い世代への引き継ぎが課題です。久遠さんは、学校のPTAや就学前施設の家族会との関係づくりを進めていきたいと言います。結成当初から関わってきた新井たかねさんからは、医療的ケアへの取り組みを通して50代の保護者が参加したことで、市とのオンライン交渉などの新たな活動が広がっていることも紹介されました。

障害者運動にとって次世代への継承は共通の課題です。滋賀の参加者からは、全障研やきょうされんなど、今ある組織の結びつきを強めていくためにどうすればよいかという問いかけがありました。障全協の白沢さんからは、川口市民の会が点を線にして活動を継続してきたことに学んで、自治体レベルでの運動づくりが課題であると述べました。久遠さんは、親自身が運動を通して成長し、自分の思いを発言できるようになったことが大事であり、そのことへの確信をもって親・家族をつなげていくことを大切にしたいと話されました。市民の会の事務局も元教員が担っていますが、学校時代から築かれてきた信頼関係が土台にあります。一方、垣見さんからは、今の教員は短期間で異動させられ、学校や地域への帰属意識を持ちにくい現状にあっても、学習会によって保護者とのつながりが生まれていることも紹介されました。和歌山で障害者・患者9条の会に取り組む参加者からは、視覚障害が中心で、コミュニケーションの課題もあり、難病、肢体障害、ろうの人たちとつながりにくいという悩みも出されました。

◎討論のまとめ

家平さんは、困っている実態を自分たちの言葉にして行政を動かすことが運動の原点であり、障全協と全障研という「車の両輪」に、きょうされんを加えた「三輪」で働きかけていこうと呼びかけました。

運営者の塩見さんは、市町村を土台として、そこに声やねがいを届ける運動が大事であるとまとめました。療育や学校の現場で保護者が学び、つながりにくい中で運動づくりは大きな課題です。自己責任が強調される時代だからこそ、個人が一人で抱え込んでいる悩みを丁寧につかみ、聴き取った声を一つひとつ運動につなげていくことが大切です。当事者や家族の置かれた実態への共感が社会や行政を変えていく原動力になるとすれば、実態をつかんで多様につながることを運動の基調にしたいと思います。人の一生に関わる課題にアクセスし、どうしたらより豊かに生きていくことができるかを一緒に考えていけるダイナミックな取り組みこそが障害者運動の魅力です。「発達」も商品化される時代に、豊かな社会や公共を構築していくことにも心を寄せながら、障害者運動を「障害者だけの運動」にせず、運動の輪を広げていきたいと締めくくりました。（文責　河合隆平）

19　親、きょうだい、家族

運営者　岩谷 亮（大阪）軽部誠一（神奈川）田中智子（京都）
　　　　戸田竜也（北海道）
参加者　25名（親・きょうだい、特別支援学校教員、福祉事業所職員など）

レポート

「太鼓サークルの成長と、お母さん方のねがい」
　　　　　　　　　　　　埼玉　鈴木こずえ
「もう一人の子ども『いっしょにね！！』」
　　　　　　　　大阪　髙田美穂・戸部孝子
「私ときょうだい～うっかり後見人になった私の
　場合～」
　　　　　　　　　　　神奈川　齋木よしみ

◎レポート報告と質疑の概要

鈴木報告

　「ドンドンつながれ太鼓サークル」は2012年に発足し、11年目の今日も歩み続けています。鈴木さんが当時中学部で担任していた男子生徒が太鼓が好きなことをきっかけに、お母さんとの立ち話の中から生まれたサークルです。太鼓や民舞という「文化」を通して仲間とつながること、お母さん方もつながることを大切に活動を続けられています。発足した時は教員が中心となっていましたが、今ではすっかり家族主導に自然に切り替わっています。このことが一番伝えたいことと鈴木さんは話しました。

　実際にサークルの代表をしている家族は、「自覚なかった。楽しい。子どもも自分も周りも楽しい。気がついたらこう（家族主導に）なっていた」と発言しました。子どもたちのサークルというだけでなく、関わっているお母さん自身も楽しむことも大事にし、上手くなりたいという思いから地域のサークルに参加するなどもしています。障害を持つ親だけのコミュニティではなく、太鼓という文化を軸にした新たなコミュニティが生まれ、仲間との出会いがあり、活躍の場が広がっているそうです。

　保護者やケアラーとしてではなく、一人の人間として、太鼓や民舞という文化を楽しみ、味わい、仲間をつくり、腕を磨き、表現したいという思い、当たり前に自分の人生を自分らしく生きたいというねがい、それらがお母さん達をつき動かし、サークルの成長を支えていると報告されました。

　助成金に関しても、福祉の枠ではなく民俗芸能の助成金を活用しているという話もありました。障害という狭い枠を超えて「文化」という枠でつながり、障害のある本人だけでなく、家族も自身の楽しみにつながっているという報告でした。

髙田・戸部報告

　きっかけは、髙田さんが近所の人に障害のある我が子のことを理解してもらいたい、でも隠したくなる気持ちもある、そんな気持ちで子育てしていてはいけない、という思いだったそうです。地域に声をかけ、つながりをつくってきました。近所の人に声をかけた時に「障害のある人ばっかりに関わってたらあかんよ」と言われた（目の前を狭くしてしまうと考えも狭くなる）ことも影響があったようです。1995年3月に「いっしょにね！！（障害のある子とない子と大人たちの楽しい出会いの会）」を立ち上げられました。その活動の中で、子どもが小さい間に「命の重さはみんな同じ」ということを伝えるために、実話をもとにした紙芝居を作り、今日までに学校などを中心に400回を超える活動を行ってきました。過去に学校で紙芝居を見た子どもが大きくなり、偶然出会った時に「その紙芝居知ってる！」と心に残る内容になっています。

　いっしょにね！！の活動は障害に関わりのある人だけでなく、関わりのなかった人も参加されています。戸部さんは健常児の親という立場ですが、髙田さんに声をかけてもらい、はじめは「助けられることはないかな」「わかりあえないかもしれない」と思われていましたが、今は楽しくもあり、勉強もさせてもらっている、感謝、と語りました。会は28年の活動を通して活動の幅も広が

ってきていますが、家庭状況の変化などから、「もう頑張らなくていいよね」と本音が出てくることもあります。高齢になるについて、荷物を一つずつおろしていけるようなことも考えないといけないと感じてきたとも髙田さんは語りました。

　質疑の中できょうだいについての話もあり、きょうだいのことは不十分だったかもしれない、と話されました。会の活動の中でよかったこともあったが、現状として完全に安心して託せる場がなかなかないこともあり、きょうだいに本人のことを託さざるをえないことも話されました。

齋木報告

　報告の冒頭に、昨今の「きょうだい」ブームに違和感、「きょうだいだからなに？」「これまでこの分科会に参加しなかったのは、特別なきょうだいと思われたくなかった」ということを語られました。

　齋木さんは、障害福祉が契約制度に変わった時期に障害のある妹の成年後見人となりました。当時、契約制度になるにあたり、後見人がいないと施設契約もできなくなる、という "噂" からなってしまったとのことでした。後見人になって20年、妹より姉である自分が先に死ぬことを考えなかったことを後悔し、身内に負担はかけたくない、家族ががんばらない福祉が目標、という思いがあったのに、いざ自分が死んだら自分の子どもに託すしかない、という葛藤。相続の課題、医療同意の問題など、成年後見制度の実態を具体的に語られました。

　また、齋木さんは福祉現場の職員という立場でもあります。「福祉職の私」と「きょうだいの私」というジレンマ。成年後見人は客観的な立場で本人の生活を守る役割だが、「家族が後見人になったとしても、どうしても家族という枠からは抜けられない。結局は、家族は家族を超えられない」と語り、託すのであれば、第三者後見人、それも個人の成年後見よりも、死なない後見人（法人後見）が自身としては最善と考えていることも話されました。

　これからのことについて、きょうだいに必要なのは情報という話もありました。しっかり成年後見制度のことを学んでおくことや、噂に踊らされないこと。そして、きょうだいや家族が頑張らな

くてもよいように自身ができることとして、ソーシャルワーカーを育てること、という報告がされました。

◎論議とまとめ

　2グループでの分散会を行いました。

　「サークル活動グループ」では、「ひっぱっていく人も大変な労力。そこから孤立もあるのでは？　仲間づくりと楽しむことがキーワード」「垣根を越えて仲間になっていくこと」「障害のある人のため、ということもあるが、親自身の楽しみもサークル活動から見出している」などの意見・感想がありました。

　「きょうだいグループ」では、「成年後見制度をもっと学んでいかないといけない」「本人・家族の状況をしっかり知ったうえ、個人で考えるだけでなく集団で」という意見・感想がありました。

　家族が主導していくことの意義。やらされている、やらなければいけない、ではなく、やっていきたい、となることで家族も自分の人生を歩めることにつながることが確認されました。

　また、障害のある・なし関係のない広いつながりを持つこと、伝えていくことの大切さ。視野の広がりだけでなく、自身の人生の広がりにもなります。ただ一方で、頑張ることもやめたい、という家族のねがいの実現の難しさ、頑張らなければ社会は変わっていかないという現実の厳しさも痛感する機会でした。また、身内が後見人になるということの課題も共有され、親もきょうだいも、誰もが安心して本人を託せる人を育てるという社会的な課題、必要性が確認されました。

（文責　岩谷　亮）

「インクルーシブな保育」を考える

運営者　安藤史郎（大阪）中村尚子（埼玉）平松洋子（山梨）
　　　　横山園佳（東京）
参加者　150名

レポート
「Kくんのねがいでつながる保育所保育と療育・
　保育所等訪問支援」　　　　大阪　飯田のぞみ
「『インクルーシブな保育』を考える〜並行通園
　児の育ちを通して〜」
　　　　　　　鹿児島　黒川久美・川畑妙子

◎フォーラムのねらい

障害のある乳幼児が就学前に通う場は、保育所や幼稚園などと、児童発達支援センター・事業などの療育の場に大別されます。障害乳幼児の発達保障の歩みを振りかえると、通園施設などが未整備であった1970年代前後から、親の要求運動によって保育所入所が徐々に実現し、障害児保育の補助金制度が始まりました。以後、地域格差は大きいものの、保育所は障害乳幼児にとって欠かせない場です。保育所、児童発達支援それぞれの役割は法律等に定められていますが、どちらか一つを選ぶということではなく、子どもや家族のねがい、生活の実態などによって、両者へ同時に通う並行通園という形態は以前から取り組まれてきました。障害児通所支援制度がはじまった2012年以降、児童発達支援の場が増え、同時に事業の中身も多様化しています。そのような状況のもと、最近は、保育所に在籍して、日中、短時間の療育に通うケースもあるとの報告もあります。また、政策面では「インクルージョンの推進」が強調されています。

こうした背景を共有し、専門施設と保育所等が共同して発達保障の実践をすすめるために、インクルーシブ保育をフォーラムのテーマにして話し合いました。

◎療育センターによる保育所の訪問

飯田さんは、大阪府寝屋川市の公立保育所の保育士。ここは定員150名で、3歳児から5歳児のクラスに障害児保育加配対象児が6人、加配保育士は3人配置されています。飯田さんは加配担当保育士です。同市の児童発達支援センターであるあかつき・ひばり園と連携して担当したK君について報告しました。

現在、年長クラスに通うK君は、0歳児クラスから入所。乳幼児健診の保健センターの勧めで2歳の時、あかつき・ひばり園の親子療育に通い始めました。3歳からは、あかつき・ひばり園に週1回、並行通園しています。保育所ではクラスの活動に合わせるのではなくK君のペースでゆったりとすごし、担当保育士との関係づくりを大事にしていきました。

あかつき・ひばり園との連携として、折々に行われた保育所等訪問支援と巡回相談が丁寧に報告されました。訪問がある時には見てほしい活動を意図的に行うなど、活動を観察することを大事にしています。あ・ひ園の発達相談員は、「好きな遊びは？」など、保育者の気づきになる話し合いをするようにしています。飯田さんとの1対1を大事にした活動から少しずつ友だちを意識した活動へ、さらに自分で選ぶ場面をどうつくるかなど、K君の発達の課題と結んだ保育内容へとつながっていったと報告されました。巡回相談では発達診断の結果なども含めてカンファレンスを実施。ここでも遊びや友だち関係に注目した話し合いが行われます。

こうした取り組みと保育実践を振り返り、活動がK君にとってどんな意味があるのかをつねに考えることができたとまとめられました。

◎子どもにとっての並行通園の意味

黒川さんと前田さんのレポートは、麦の芽福祉会「むぎっこ保育園」からの報告です。同福祉会

は、同一敷地内にある児童発達支援センター「むぎのめ子ども発達支援センターりんく」と、少し離れたところにある児童発達支援事業「子ども家庭支援センターみらい」を運営しています。

むぎっこは定員50名の認可園で、「年齢に幅のある暮らしの保育」を大切にした異年齢保育を実践しています。現在、17名の並行通園児がいて、そのうち16名がりんく、もしくはみらいに通っています。報告は、むぎっこからみらいに並行通園しているG君（4歳児）を中心に行われました。

G君は3歳児健診で療育を勧められ、他の療育機関に通い始めました。しかし、個別療育を主とするその園への「行き渋り」や、むぎっこに戻ってきた時の不安定な行動が目立ち始めたので、むぎっこの活動も見てもらい、保護者とともに園と話し合いを重ねました。話し合いでは、友だちと楽しく遊ぶ、遊びの中での共感関係、生活面での働きかけなどG君の課題を共有し、みらいへの並行通園に変更しました。

G君はみらいに体験入園した時、「楽しかった」と言い、入園後も、「みらいにいくんだよ」とむぎっこの職員に言うほどだったそうです。

むぎっこ、みらい両者の話し合いは時間の確保そのものが容易ではありません。しかし、遊びや友だち、集団との関わりなどの視点を大事にして、できるだけ具体的なエピソードを伝え合うようにしています。療育の場（みらい）での子どもへの取り組みとそこでの子どもの育ちがそのつど保育の場（むぎっこ）に伝えられ、事実が共有され、G君の育ちを確かめ合うように話し合いがされます。

①並行通園する場の選択にあたっては、療育が子どもの育ちにとってどんな意味があるのかが語り合えること、②療育の場の取り組みと子どもの様子が保育所に伝えられ、確かめ合うこと、③療育に通ったことでの子どもの育ちが保育所での遊びと生活への参加につながっているかを話し合えることが、二つの場の連携にとって必須だとまとめられ、そのための保育、療育双方の職員配置、環境等の条件整備がなされなければならないと結ばれました。

◎子どもにとってのインクルーシブな保育とは

障害児保育の制度のそのものや母子保健との連携課題など、各地の実情を踏まえた質問や意見が出されました。

加配保育士については、むぎっこの並行通園児は鹿児島市の加配対象となる子どもではないとのこと。加配対象児の基準、その保育士の保育への関わり方は自治体ごとにさまざまです。近藤直子さんは、全国的な傾向として3歳児以上を対象とする自治体が多いこと、乳幼児健診との連携や保護者の就労を考えると0〜2歳児への手厚い支援が必要だと指摘しました。

児童発達支援からの保育所等訪問のあり方もさまざまです。茨城の参加者は、訪問先の保育所・幼稚園が広域に及ぶことの困難な実態を発言しました。今回報告の寝屋川市は、並行通園と保育所等訪問、そして母子保健と結んだ巡回相談や発達相談がシステムとして機能しており、こうした事例の交流が望まれます。

母子保健、障害児支援、保育所の連携の重要性も指摘されました。0〜1歳児クラスから保育所で生活していると、乳幼児健診で発達が気になるという指摘を受けることがあります。また逆に園で気になっているが健診後のフォローがないということもあるとの発言でした。

「インクルーシブな保育」を追求するには、保育所が子どもの生活の場であるという理解を共有し、子どもが楽しく過ごし、自分らしく活動できる保育を創造するための、訪問支援や巡回相談にしていく必要があるとの指摘が大津市からありました。それが可能となる発達相談員を市として配置している同市の実践の蓄積は重要です。

改正児童福祉法施行に伴い、2024年度から各自治体の政策としても児童発達支援センターの地域支援機能がますます強調されるでしょう。どんな支援が求められるのか、実態に基づいて地域での議論が必要です。子ども一人ひとりを理解することがインクルーシブ保育の発展につながることを確信したフォーラムでした。そのためには保育条件を徹底して改善することが重要です。

（文責　中村尚子）

学びの場の保障と教育環境整備

運営者　荒川　智（神奈川）栗山宣夫（群馬）児嶋芳郎（埼玉）
　　　　社浦宗隆（東京）寺門宏倫（茨城）山中冴子（埼玉）
参加者　184名

レポート
「選んでよかった特別支援学校　よりよい環境を
　整えたい」　　　　　　　　　茨城　竹中柳子
「大阪の特別支援学級、通級学級の状況　―4・
　27通知をめぐる動向から見えてくるもの―」
　　　　　　　　　　　　　　　大阪　山林　哲

◎はじめに

　学ぶことは子どもにとって重要な権利です。本フォーラムは、「学びの場の保障と教育環境整備」をテーマに、子どもの最善の利益を保障する観点から、教育条件や環境どう整えていくかについて話し合いました。『障害者問題研究』第51巻1号「発達保障のための教育環境と学校整備」の特集にも学びながら討論しました。障害者権利委員会の総括所見でも、今後の特別支援教育政策が問われている状況です。特別支援学校の設置基準ができたことに終わらせず、十分な条件の下で子どもの学ぶ権利を保障するという方向について話し合いました。

◎レポートから
過密な学校では子どもが不安

　保護者である竹中さんは、新しく特別支援学校が開校した経緯と息子さんの様子について報告しました。保護者の多くが就学にあたって迷いがありますが、竹中さんも小学校への就学も考えたそうです。言葉や排泄の自立などを考えて特別支援学校を選択。12年間ほとんど休むことなく、楽しく通学しました。学校でさまざまな体験をして大きく成長したわが子の姿を見て、竹中さんは、希望すれば入学でき、楽しい学校生活を送るためにはゆとりのある教育条件が必要と確信しました。しかし、現実は年々児童生徒数が増えていきます。

　2021年、PTA活動などを通じて県内の特別支援学校の過大過密の解消に取り組んでいる人たちと知り合います。これをきっかけに、2022年1月、「鹿行（ろっこう）地域の特別支援教育について考える会」を結成。学校新設を求めて署名活動を続けてきた結果、域内の神栖地域に特別支援学校をつくると県が発表しました。以前から学校増設の要求は上がっていたのですが、今回の新設は署名を提出したことが決定打になったそうです。

　特別支援教育の場の子どもの数は年々増え、増加傾向にあります。過密な学校を見て、保護者は考えもしなかった不安を感じていると話されました。

子どもの学びの場を奪わないで

　4.27通知で文部科学省は、週の授業時数の半分以上を特別支援学級で学んでいない場合には、「学びの場」を変更するよう求めています。その通知から1年が経過し大阪府の特別支援学級在籍児は1700人を超えて減、学級数も200以上減少したそうです。つまり子どもが安心して通える場を少なくすることが学級減、教員削減につながっているのです。保護者からは、「学ぶ時間は少なくても安心できる支援級はなくてはならない」「先生が減るのは困る」という声が上がっています。

　一方で、特別支援教育コーディネーターや通級指導の態勢は不十分。週1回の通級指導さえ確保できない状況があります。4.27通知問題は、学校教育そのものの矛盾に根源があることが強調されました。40人学級、競争主義的教育、教師の多忙化などを解決し、子ども一人ひとりを大切にする教育を保護者とともにつくっていくことが求められているとまとめました。

◎指定発言
・茨城の新しい学校を求めるにあたっては、以前

から要求運動の中でその根拠を明らかにして可視化する努力を重ねてきたことを寺門が発言しました。県と交渉する際、県内の学校の配置の現状と学校規模を数値で示し、医療的ケアなどの要求を現地に行って話を聞きつまびらかにしてきました。そうした研究と要求の一致した運動で、鹿行地域に新しい学校へのニーズがあるとわかりました。根拠と運動を担う人々の力が新設につながりました。

・通常学校の現状について、埼玉県の石原真由美さんが発言しました。知的障害を伴わない弱視や難聴、肢体不自由、病弱の特別支援学級は一人学級が多いので通常学級で過ごすことが多く、今後これらの障害種別の特別支援学級が減っていくのではないかと指摘。同時に大規模学級、臨時的任用教員の割合が多いという問題点にも触れました。

通級指導については、2019年に通級児13〜25人に教員1人、全県を見渡して対象児の多いところから教員を配置していくことになったため、教員の獲得競争が生じました。13人集まらずに通級が消えた町もあり、独自の通級教員を雇った自治体もあり、差が広がっています。通級の対象の子はどんどん増えていき、教員は退職してしまうと話されていました。

・全教障害児教育部長の村田信子さんは、特別支援学校設置基準ができてからの動向を発言しました。たしかに図書室などもできました。しかしよく見るとグランドは狭い、1教室が狭い。天井にレールが設置されており、子どもが増えたら間仕切りをする準備がすでに始まっています。「基準を満たす」だけでなく、設置基準の中身を改善したいと発言しました。

◎討論

報告と指定発言を受け、荒川智さんは、本フォーラムの論点として、次の4点を提案しました。①発達を最大に保障する環境が選択できているか、②適切な空間と時間（スペースとペース）が確保できているか、③適切な子ども集団の編成と教職員の配置がなされているか、④適切な教材教具が用意され、指導方法が吟味されているか。

総括所見が分離した環境での特別な教育に言及していること、4.27通知が一緒に学ぶことを推奨しているかのような装いを見せていることと関係して、山林報告を補う発言がありました。大阪・豊中市の小学校で、支援学級在籍児47人全員が通常学級で学んでいることをインクルーシブ教育として描く番組が放映されました。そこで登場した子どもは2人だけで、通常学級での学びだけでは困難な子どもについてはまったく触れられていなかったそうです。文科省の特別支援教育課長が「これぞインクルーシブ教育。教員ではなく介助員が通常学級につけばよい」とコメントしたとのことで、教員削減という通知の本質が見えてきました。

特別支援学級在籍率が高い長野県では、通知が出てから画一的に対応しないよう県教委への請願等を重ねていきました。今のところ市町村によっての対応がさまざまだけれども、中学進学にあたって9教科を全部支援学級で学ぶことが条件にされており、2024年度に向けて危機感を持っているということでした。

奈良の越野和之さんは、自身の論文「通級による指導の現状と論点」（「障害者問題研究」（50巻4号）を引きながら、地域差のあった通級の実態が平均的に劣悪化していることを指導時間の短縮化などで指摘、「13人いれば指導を開始できる」ではなく、一人でもいれば開始できる、教員の複数配置などの条件改善をして、ふさわしい子どもが通える場にしていく必要があると述べました。

報告者の竹中さんは、わが子が卒業後に通っている事業所での不安定な青年の姿から、丁寧で落ち着いた環境で過ごすことの大切さを強く感じているそうです。学校はそういう場であってほしいということです。

インクルーシブ教育については、学習指導要領の見直しが必須という理解が確認できました。建物や教員配置などのハードと、教育課程などのソフトの両面の徹底した改革が必要です。また就学先の決定において、保護者がたらいまわしにされることがないよう、特別支援学校、学級、通級、通常学級が相互に話し合い、要求を検討して条件の改善ができるようにしようと話し合われました。

（文責　寺門宏倫）

実践を聴き、語る
子どもや仲間のねがいに寄り添うために

共同研究者　越野和之（奈良）
司会・運営者　梅垣美香（東京）太寿堂雄介（長野）
　　　　　　　金澤園子（神奈川）竹脇真悟（埼玉）
参加者　124名

指定レポート

「本人のねがいに寄り添う実践とは何か」

　　　　　　　　　　　北海道　加藤法子

「学校は、新しい自分と出会う場所」

　　　　　　　　　　　愛媛　山下紋奈

◎はじめに

　本フォーラムでは、全障研が大切にしてきた、実践を元にみんなで話し深め合うなかで子どもや仲間の本当のねがいに近づくためのレポート討議について、その意味を再確認しました。Zoomのブレークアウトルームを用いて少人数のグループで話し合おうと、事前にグループの司会を募ったところ、多くの協力者が申し出てくれました。

◎討論の呼びかけ

　はじめに、共同研究者の越野さんより討論の呼びかけがありました。子どもや仲間把握の核心として、全障研第3代全国委員長であった故・茂木俊彦さんの著書『教育実践に共感と科学を』から、「教師は…教えることによって、そのもとで活動し、新たな発達をかちとっていく子どもをつかみ、さらにつかみ直し続けるべきだ。いったん確認したものを、実践による新しい発見をすることによって否定する」こと、つまり「教える（働きかける）中でつかむ」大切さが話されました。実践は試行と錯誤を必ず含むのであり、誤りを「良き誤り」にしていくことが大事なのであって、その保障が実践研究ではないか。実践を語り、綴ることから始めましょうと、分科会はじめ大会での討論の意義に触れました。そして「実践を通して子どもの変化・発達の事実を引き出し、子どもをつかむ、そのことが子ども理解深め、さらに実践が深まるのではないか、実践研究で仲間と深め合おう」と呼びかけました。

◎レポートと討議から

◇加藤さんは、現在、楡の会の総合施設長です。現場での実践を振り返っての報告でした。

　Aさんは非常に筋緊張が強く吸引も頻回で、どうやって活動を保障しようかと職員で悩んでいました。障害が重いので、まずは看護師がケアを中心に対応し、健康状態が安定したら自分たちが、と考えていました。ある時、散歩に出かけようとすると、留守番のAさんのカニューレから強く息を噴出する様子がありました。「Aさんも一緒に行きたいの？」と尋ねると穏やかな表情になったそうです。カニューレから漏れる呼吸音に彼女の意思を感じ、それをきっかけに、以後コミュニケーション手段につなげようと実践しました。Aさんは自分の思いが伝わるようになり、穏やかに暮らせるようになったのだそうです。彼女に出会ってなかったら見かけで判断し、障害の重い人に内面があったり人生でいろいろな経験があったりという視点に気づけなかったということです。

　楡の会初のグループホームで、入居後、年齢を重ねて医ケアが必要になった仲間の生活づくりの実践も語られました。入居者5人のうち2人が重心でした。その人が楽しい生活を送ることを考えたいが、笑うと唾液を誤嚥してひどくむせて苦しくなるため、「笑わせないように」関わる、スタッフにとって悩みながらの実践となりました。自分からなかなか意思表示はないけれども、日々のケアの中での関わりも大切なコミュニケーションとして、人間同士の掛け合いのようなものを大切にしてきました。寄り添うことの中身をその人ごとに理解していきたいそうです。時間がないなどでその人のねがいに添えない時にも、ごめんねと許しを請うそんな対等な関係で過ごしたいと話されました。ねがいに寄り添いたいが、命も守らねばならないとの葛藤を続けながら、障害の重い人

たちの暮らしを考えていきたいとする報告でした（「みんなのねがい」2023年5月号参照）。

　指定討論では、まず、医療的ケアなど障害の重い人たちの生活の場が広がってきていることは、私たちの運動が実った成果であるとみることができると位置づけました。しかし、毎日命を守るケアをどうするのかという健康面での環境を整えることがその人の生活を支えるということになりがちです。命を守ることを前提としつつも、その人が気持ちを持ちやりとりをしたいと願っているとして関わるという加藤さんの提起はとても大切だと話されました。

◇山下さんは、特別支援学校の教員です。小1のAくんの不安と付き合いながら、本当は友だちと関わりたいねがいを、絵本の読み聞かせを重ね、絵本の世界で一緒にあそぶことを通して実現していきました。

　絵本の良いところについて山下さんは、同じ場所にじっとしていることが苦手な子も、離席していても遠くでちらっと見る、ついたての向こうで耳だけ傾けるなど、いろいろな形で参加できるところだと話していました。1週間かけて読み聞かせすると、金曜日にはクラスの雰囲気ができあがり、ともに笑い合える場面ができるそうです。みんなで読み合う経験が広がっていきました。絵本『かめくんのさんぽ』では、かめくんが落っこちる場面をイメージして一緒にバランスボールで遊べるようになるなど関係が深まっていきました。

　そんなAくんも2年生になって、山下さんに嘘をつくようになりました。気持ちがつながっていたと思っていたところに裏切られたようで、思い悩んでいたそうです。しかし、同僚から「Cちゃんとよくあそんでいるね」と話されたことから、Aちゃんは、友だちを求めていたことに気づき、その成長にうれしくなったそうです。

　『ぐりとぐら』では、Aくんの友だちと力を合わせて達成する喜びをと、友だちと力を合わせてホットケーキを裏返す活動をしました。2人で息を合わせて、ふたまで使ってひっくり返し、何度もその活動をして楽しんだそうです。

　不安いっぱいで入学したAくんにとって、学校は安心して友だちや先生と関わることのできる場所になった、そんな子どもに寄り添う実践報告でした（「障害者問題研究」49巻2号参照）。

　指定討論では、山下実践の優れたところとして①子どもからどう見えているのかという視点で分析し本当のねがいに気づいたこと、②絵本という文化を通して子どもたちの経験を広げ、絵本の世界を共有して活動し、やりとりする中で心がつながっていくこと、③子ども集団で実践し（子ども同士が関わりを持ちたい活動を用意して育ち合う関係をつくる）、山下さん自身も職員集団の中で子どもの姿を共有していることをあげました。職場の中で子どもや仲間のことをたっぷり話せる環境をつくることも、子どもや仲間に寄り添う実践のために必要ではないかと話されました。

　山下さんはどのように絵本を選んでいるかの質問に、本屋で立ち読みしていて子どもの顔が浮かぶものを選ぶことや、『こどものとも』を定期購読しており、自分の嗜好ではないけれども読んでみると子どもに響くものがあるなどと話していました。

◎グループトーク

　20以上のグループに分かれて、実践上の悩みや職場の状況など、レポートを自分に引き寄せ、意見交換をしました。「そうそう私も」と、共感が広がるあたたかい学びの場となりました。就学前から成人期まで様々な方が交流し、自分の職場の様子や悩みを出し合いました。その中で、「障害のある人たちに関わる職種の専門性として、当事者の普段の姿、普段なら気にならない姿の中からも、ねがいや思いをわかろうとする努力は大事」「一人でそれに取り組むのではなく、職場や関係する人たちと連携してつながり“私はこう思うがあなたは？”と話せる環境を創ることも大事」「集団で高まり合いたい」などと話されました。

◎おわりに

　コロナ後を見据え、各地域、サークルで、実践を語り合い、実践者のねがいと子どもや仲間のねがいを丁寧につかむ集団での討議を大切に、全障研活動をさらに盛り上げていきたいものです。次回はぜひレポートを持ってご参加を！

（文責　竹脇真悟）

権利保障の今日的課題

運営者　河合隆平（東京）瀧川惠里子（千葉）船橋秀彦（茨城）
参加者　77人

レポート
「障害者権利条約の締約国としての責任を問
　う！」　　　　　　　　　　東京　白沢　仁
「強度行動障害の息子が自律するまでの日々」
　　　　　　　　　　　　　　滋賀　和田泰代
「障害者は65歳の誕生日から障害者でなくなるの
　か？」　　　　　　　　　千葉　縫纈建史

◎日本国憲法と障害者の人権——白沢報告

　人権と憲法をキーワードにすると、すべての人に保障される権利が、障害を理由に剥奪されている日本の現実が見えてきます。旧優生保護法裁判は優生思想との闘いでもあり、人権裁判です。白沢さんは、まず、戦争のない平和な社会で豊かに暮らしたいというみんなのねがいを実現することが求められると述べました。

　障害者権利条約を批准（2014）する前提として、障害者自立支援法訴訟団と国との基本合意（2010）を結び、新しい福祉法をつくるための骨格提言（2011）がつくられました。この過程で「私たち抜きに私たちのことを決めないで」という考え方が軸になっていました。また権利条約がめざす平等を実現するための「合理的配慮」が大切であると強調されてきました。

　2022年9月に日本に対して出された国連障害者権利委員会による総括所見は、今後の障害者運動の羅針盤ともいえます。ただし、19条（自立した生活と地域社会への参加）、24条（教育）、27条（労働・雇用）に関わる分野については特に、障害者・家族のねがいと重ね合わせて、今後の検討が必要です。

　軍拡と改憲に突き進もうとしている今、憲法と障害者権利条約の学びが欠かせません。白沢さんは最後に、内閣府の調査では回答者の73.7%が権利条約を知らないという実態を上げ、権利条約を周知していく必要があると指摘しました。また参政権・選挙権を行使することと、優生保護法裁判をはじめとする障害者の人権を守る裁判を支援することを呼びかけました。

◎障害のある息子の暮らしの場を求めて——和田報告

　和田さんは、強度行動障害のある23歳の息子さんがグループホームに入居するまでを振り返りました。必死に子育てをしてきたという和田さん。乳幼児期は療育と保育園へ通園し、そして妹も育ててきました。夫は転職、ダブルワークをせざるを得ず、「この国では障害のある子どもは生まれてから家族依存が始まっている」という言葉が重く響きました。

　養護学校では、強いパニックのためスクールバスに乗車できず寄宿舎入舎を希望しますが、親が送迎できるという理由で通学困難と認められません。2年半にわたる入舎申請、保護者や組合の教師たちの支えもあって中学部から入舎が叶いました。4年半の寄宿舎生活は、現在のホームでの生活の基盤になっています。

　高等部卒業後は施設入所を希望しましたが決まりません。作業所と行動援護を利用し、夕食後は深夜までドライブという生活が続きます。びわこ学園に1ヵ月間医療入院して生活リズムを整えました。息子さんにとって退院後の生活は精神的に厳しいものでしたが、グループホームへの入居の見通しがあったからこそ、どうにか耐えることができました。市長懇談などにも参加し、「どうして生まれ育ったところで生きられないのか」を訴え続けました。市長も息子さんに会ったことで「心が動いた気がする」と言います。

　小学部2年の頃、担任から勧められて初めて県交渉に。直接自分の言葉で困っていることを行政

に訴えてきました。滋賀の障害児教育をよくする会や障全協、暮らしの場を考える会にも参加。「行政に訴え続けても届かないことがほとんどでむなしい気持ちにもなるが、言わなければ届くこともない。全国の先輩たちのなかで私なりにできることをやろう」と語られました。

◎高齢期も自分らしい暮らしを──纐纈報告

　纐纈さんは、「65歳の壁問題」をめぐって闘っている天海訴訟について報告しました。千葉市に住む天海正克さんは2014年、満65歳で市から介護保険の申請を求められました。しかし障害福祉サービス（社会参加）と介護保険（日常生活支援）の目的の違い、費用負担（月15,000円）発生、基本合意文書を無にしたくないとの理由から申請を断ります。すると市は天海さんの障害福祉サービス支給申請を却下、介護給付をすべて打ち切り、月14万円の利用料が全額自己負担となったのです。天海さんは2015年11月、処分の取り消しを求めて千葉地裁に提訴しました。

　2021年5月、千葉地裁は自立支援給付と介護保険の任意の選択を許すと、社会保険優先の社会保障の基本と公平性に反するとの理由で訴えを退けました。纐纈さんは、この不当判決の背景に「自助、共助、公助」という国の社会保障政策への「忖度」があると強く批判しました。

　2023年3月の東京高裁では逆転勝訴となりました。控訴審では、市は住民相互の不均衡を避けるため裁量権を認めた上で、非課税世帯である天海さんに自己負担が発生しないよう、障害福祉サービスを支給決定すべきであったとして本件処分を違法としました。

　その後千葉市は上告受理申立てをし、天海訴訟は最高裁判所で争われることになりました。基本合意文書と骨格提言を実現し、介護保険優先原則を撤廃させる闘いである天海訴訟は、障害者権利条約を地域のすみずみに広げていく取り組みでもあることを確かめました。

◎討論から──権利条約を暮らしのすみずみに

　全体討論では、家平悟さん（東京）からマイナンバーカードの問題について、船橋秀彦さん（茨城）から優生保護法裁判をめぐる「除斥期間」の問題について、高梨恵子さん（東京）から「障害をもつ人の参政権保障連絡会」の取り組みについての3つの発言がありました。

家平さん　現行の健康保険証を廃止してマイナ保険証と資格確認書になると、いずれも申請主義のもと申請が必要であり、更新作業が必要になります。支援が必要な人ほど無保険になり、国民皆保険制度を突き崩しかねません。この間の反対運動によって対応困難者への対応は若干改善されましたが、社会保障全体に関わる問題であり、声をあげ続けなければいけないと話しました。

船橋さん　もっと早く訴えられなかったのかという裁判所の認識に対して、「できなかった理由」をこそ明らかにすべきだと、歴史的裏づけをもって批判しました。不妊手術を強制された多くは精神障害や知的障害のある人です。入院・入所者の多くが生活困難、義務教育未修了、不就学であり、訴える力を形成されてこなかったのです。さらに「家族依存」のもとでは、本人が、手術同意者である保護者を訴えにくい構造があります。1950年代、2件の訴えがありましたが、司法が本人の訴えを受けとめず訴訟に至りませんでした。

高梨さん　参政権は主権者として政治に参加し、政治に自分たちの声を反映させるための重要な権利です。2019年に実施したアンケートをきっかけに、会には知的障害のある人の代理投票をめぐる相談が多く寄せられました。その疑問や不安に応えて『知的障害者・家族・支援者のための選挙のしおり』を作成し、5,000部以上を届けたそうです。「主権者教育」の保障、投票所でいやな思いをすることなく投票できるようにすること、郵便投票の拡充を求めていきたいと発言されました。

◎おわりに

　報告、発言は、憲法と権利条約を間にして相互につながっていました。最後に、参加者の鈴木宏哉さん（茨城）は、戦後日本の民主主義の実現に障害者運動が大きく寄与してきたことを強調し、本当の民主主義は、戦争のためではなく、平和のためにこそあるべきであり、障害者の権利保障は民主主義と平和を守ることにつながると語りました。

（文責　河合隆平）

学習講座1

発達保障とは？
—— 子どもの願いをみつけて

近藤直子（あいち障害者センター理事長）

【講師プロフィール】
近藤直子(こんどう　なおこ)
1973年〜現在まで18か月児健診後の発達相談担当。1977〜2015年まで日本福祉大学に在職。現名誉教授。1990〜2015年全障研愛知支部長。1992〜1996年愛知保育団体連絡協議会会長。2003年全国発達支援通園事業連絡協議会会長。2004年あいち障害者センター理事長。

著書：『ぐんぐん伸びろ発達の芽』(1995年　全障研出版部)、『続　発達の芽をみつめて』(2009年　全障研出版部)、『気になる子の秘められた魅力』(2022年　クリエイツかもがわ)、『「育てにくい」と感じたら』(2014年　ひとなる書房)

1　発達とは？

○「できることが増えること」が発達？
　この時の「できること」は大人や指導者が期待する行動→行動変容

○こころが育つと「できなくなること」やマイナスなことも出てくる
・人間は意味を感じたことに主体的になる
・自分で自分らしい自分を求め自分で変わっていく→自己選択・自己決定・自己変革
・個人の尊厳（日本国憲法13条）、アイデンティティの尊重（障害者権利条約）
・人間的権利としての発達→私たち抜きに私たちのことを決めないで、意見表明権

○本人が意味を感じられる生活の保障が基本→働きかけで「変わる」のではない
　信頼できる人がいて安心できると、世界に気持ちが向き、自分で変わっていく。本人が何に意味を感じているのかを理解するために発達の学びを
・心地よさの共有を通して親しい人を大好きになる
・自分のアンテナにかかったことを取り入れ「好き」な世界を見つける
・仲間に目を向け新たな世界に挑戦する
・価値の世界に足を踏み入れ仲間の中で自分を見直す
・役割を通して自己客観化を進める
・世界を広げ発達を実現する活動を保障して

2　発達を保障しうる生活になっていますか？：健康で文化的生活？「日本国憲法25条」

○25条1項「すべて国民は健康で文化的な最低限度の生活を営む権利を有する」
　2項「国は、すべての生活部面について、社会福祉、社会保障及び公衆衛生の向上及び増進に努

めなくてはならない」（国の社会的使命）

　　個人の尊厳を保障する生活の質を検討し実現して

○なのに高齢者福祉も障害児者福祉も「程度区分」「出来高払い」の仕組みに

○保健所削減、公立病院中心の地域医療の脆弱化、医療・福祉の場の働き手確保の困難

　　だからコロナ禍で命に関わる実態や、事業所の大幅な減収や、退職者が生み出された

○一方で当事者たちの長年の奮闘の成果も

・「強制不妊手術」訴訟の広がりに見られる当事者の闘い。
・「65歳問題」訴訟を通した社会保障制度問題
・参議員選挙に向けた障害者の参政権保障や女性障害者問題の取組み；NHK番組
・小学校学級定数の見直しや特別支援学校設置基準の告示

○制度の枠にはめるのでなく、制度の制約を超える実践を→新たな制度作りを目指す

3　乳幼児期の「発達保障運動」を通して学んできたこと

○固定的な障害児者観の克服；取り組みを通して理解する→「生活モデル」「社会モデル」

　　いまだ「医学モデル」の考え方が強いけれど権利保障の中での発達；障害児者の姿を「歴史的制約の中での姿」として理解する

　　私たちの姿も歴史的制約の中で理解し合おう→世代を超えてつながるために

○教育権から保育・療育を受ける権利へ

　　障害児の姿が家族と関係者をつなげ、社会を変える力に→社会変革の力に確信を

○子どもたちと家族の生活を支える制度づくり→乳幼児期の発達保障に取り組んで

　　わが子の障害に直面する親子が楽しく「通う

場」の基礎づくり；70年代

　　障害と診断される前から家族を支える「親子教室」「親子療育」を広げて；90年代

　　母子保健・保育関係者・家族との共同で「受益者負担」を押し戻して；2000年代

　　障害のある子、「育てにくい子」もゼロ歳児から豊かに支援する仕組みを！

4　歴史を進めてきた私たちの思想と運動を踏まえて

○取り組みの中での障害児者の変化の事実が人々を突き動かしてきた

・「通う場」を中心とした生活の充実が発達を生み出す→「健康で文化的な生活」の質
・「通う場」の選択肢を広げるとともに質を保障する制度要求を

○人間的権利としての発達；自由権、幸福追求権の具体化→国家の教育観との矛盾

・「できる」「できない」ではなく「自分らしい自分」を形成していくプロセスとして
・「主体性」を尊重し、発達の願いに心を寄せて→取り組む側の願いと本人の願い
・マイナスに含まれるプラスの可能性；個人の発達も歴史も弁証法的に発展する

○人々のつながりの中での発達保障→「開かれた」関係の中で人間は輝く

・主権者としての障害児者・家族をつなぐ「学習」と「交流」
・持ち味を活かしあう集団を目指して；チーム労働を通した連帯の創造
・世代間の違いや職種の違いを超えて実践を創造する職場に

○実態調査や実践記録を通して、行政や一般の人にも理解できるようにして

◆近藤さんの講演から（抜き書き）

　2024年に改正児童福祉法が施行されます。その中で「こども家庭センター」を自治体につくることになっています。こども家庭センターでは虐待が疑われる子どもさんだけではなく、育てにくい子どもさんへのいろんなサポートにも取り組まれるように声を上げていきたいと思います。

　短い単位で考えると、いろんな揺り戻しがあったり、本当にひどい報酬単価の切り下げがあったりと、うまくいっていないように思えます。でも、私が乳幼児の問題に関わるようになった約50年間の中でも、状況はとても変わってきています。障害のある幼児さんは保育園にも幼稚園にも行けず、何にも通う場所がありませんでした。顔を見ただけで入れてくれなかったという話もあります。そんな時代から今は保育園に障害のある子どもさんが当たり前に通っていますよね。それが実現しているかどうかは別として、「インクルーシブ保育」という言葉が当たり前に国の文書の中に出てくるようになりました。

　なので、そんな時代になったんだということに、みんなで自信と確信を持ち、もう少し長いスパンで考えながら取り組みを進めていけたらいいなと思っています。

＊

　何よりも取り組みの中で障害児者が変わっていったという事実が人々を突き動かしてきました。通う場を中心として生活が充実したら、みんな発達していきます。健康で文化的な生活の質が保障されたら、その人が「好きなことがいっぱいできるし、楽しくて、自由で、幸せだな」と感じられるような生活が保障されれば、みんな発達していくのです。そして、その人のその人らしさが豊かになっていきます。なので、通う場の選択肢をもっと広げていかなくてはいけないと思っています。

　養護学校義務制実施の運動の頃には「養護学校は隔離だ」と「攻撃」を受けたりしたこともあります。けれどもやっぱり選択肢があるということが大事だと思います。

　特別支援学校もある、特別支援学級もある、通級（による指導）もある、通常の学級もある。そんな中でそれぞれが豊かになっていくことが大事です。それを本人が選んでいけばいいのであって、保護者が選ぶのでも教育委員会が選ぶのでもありません。見学してみたり、お試し通学してみたりして、本人が選んでいけるような条件を整えていくこと、本人主体であることが大切です。

　そして、選択肢が広がることと同時に、それぞれの場の質を充実させなければいけません。たとえば保育園の3歳児クラス。「子ども20人に1人の先生で」という基準でつくられている保育室の面積の中に、たとえ子どもが15人だったとしても、その中に要支援児3人と大人が3人いたらやっぱり密度が高いです。

　そういった空間の広さなどいろんなところ全部含めて質が豊かになっていかないと、本人が選びたくなくなると思っています。

学習講座2

子どもからはじまる教育
──たけのこ学級で出会った子どもたちを中心に

池田江美子（埼玉支部・障害児教育実践サークル「麦の会」）

【講師プロフィール】
池田江美子(いけだ　えみこ)
元小学校特別支援学級担任。38年間で同一市内の5校に勤務。すべての学校で特別支援学級を担任。「交流・共同教育、障害理解学習」分科会の司会者・共同研究者の役割を担う。

共著書：実践報告集『伸びよ麦』（随時発行）、『子どもに文化を手渡すとき』（1998年　群青社）、『学び合い・育ち合う子どもたち』（2009年　全障研出版部）、『交流・共同教育と障害理解学習』（2002年　全障研出版部）、『子どもからはじめる算数』（2017年　全障研出版部）

1　たけのこ学級が設置されたころのこと

1979年の養護学校義務制実施以前、障害の重さを理由に「教育の対象ではない」とされ、就学猶予・就学免除を余儀なくされ在宅だった子どもたちがいた。

1974年、父母の願いが形になり、障害の重い子どもも受け入れる「たけのこ学級」ができ、通学できるようになった。家族ではない「集団」を意識する学びの場ができた。

2　たけのこ学級はできたものの

・職員に学級開設が知らされていない！
・担任の仕事は、物置代わりの部屋を片付けること
・1学期は訪問教育の形で開始
・土砂降りの入学式、校長から告げられたことば
・たけのこ学級の窓には…
＊就学猶予・免除は、障害のある子どもの教育を奪うだけではなく、障害のある子どもに対する偏見・差別の意識を増長させ、権利の主体者としてとらえない、差別的な人間観を生じさせることなのだ。

3　私を変えた、あるお母さんの一言

あるお母さんが持ってきてくれる鉢植えの花を、何度も枯らしてしまう新任教師へのことば「もの言わぬ花が何を欲しているかが分からない先生に、ことばのないうちの子のことがわかりますか」

4　たけのこ学級の子どもたち

（1）自分たちの学びは自分たちで創る
・「2」と出会う
・「いっぱい！」の発見
　子どもたちの目が物の「名前」ではなく「量」に向いた瞬間
・「かずの世界」への扉が開く
・この子たちに数の学習は、まだまだ先のことと考えていた担任の思惑を超えて
・「自分たちの学びは、自分たちで創る」
＊数の学習もまた「みんなといっしょに自分です

る」活動の中で、新たな力を獲得していくことを実証していく子どもたちであった。「一人でする」活動では見えなかった事象を発見し、思考する楽しさをみんなと共有する。みんなで共有した深く、厚みのある学びを体験する喜びは、集団の中で増幅されていった。単に「2」の数量が理解され知識が増えただけでなく、就学猶予という措置で奪われていた「人間としての権利」を取り戻していく姿がある。

（2）教育を受けることが命を強める

・Kさん。4年間の就学猶予を経て入級。腎障害、視覚・歩行・知的障害を併せもつ。誕生した時には「長くても10歳までしか生きられないだろう」と医師から告げられる。私と出会った時は、12歳。口癖の「サイタカネ」の意味。
・学びの幅を広げ、学ぶ楽しさを蓄積していく
・「発達は、要求から」つかまり立ちから伝い歩き、短距離の自力歩行を獲得
・義務教育年限1年を残した14歳の時に卒業。盲学校へ進学。寄宿舎生活をしながら中学部・高等部までの学ぶ機会を保障される
＊Kさんが自力歩行の力を獲得していなかったら盲学校での受け入れ、とりわけ寄宿舎での受け入れは難しいものがあった。Kさんは、自らの力で人生を切り拓いていったのだ。

（3）自ら課題を乗り越える力

・T君。1年猶予して入級。黒板に1〜100までの数字を書くけれど、読めない。量とも一致しない。道路がある限り歩いて行ってしまう
・突然、T君の手が握りこぶしになったまま開かれなくなる
・ハンドベースボールへの興味
　自らの危機（課題）を乗り切る方法と手段とを外の集団から選び取り取り込んできた
・たけのこ学級の学級集団と他の集団との関連をT君に教えられたように感じた
・そして両の手が開かれる。心も開かれる
・｛ねぇ〜！｝の一言で心が通じ合う

（4）経験を認識に高める活動を
〜「障害の科学的な認識を育む」

・全校集会でのできごと
　「やめなよ！　Jちゃんだって、すきでやってるんじゃないんだから！」
・JちゃんとNちゃんは兄弟学級の友だち
・その背景にあった兄弟学級の活動
・「経験」や「体験」を「認識」に高めていく取り組みの必要性
・「障害の科学的な認識を育てる取り組み」を模索していく大きなきっかけの一つとなる
＊この情景をそのままにしていたら、Nちゃんにとっては日常の一場面でしかなく、彼女自身やがて忘れていってしまうだろう。尊い、貴重な経験を多くの子どもと共有し、心に留め置くには「経験」を「認識」に高めていく取り組みが必要なのではないか。

　この場面は、私に「認識を育てる取り組み」の必要性を感じさせる一つの大きなきっかけとなった。
　単に場を同じくすることだけでは、理解し合えるようにはならない。強くそう思う根っこには、新任教師時代に出会った子どもたちがいる。「思いやりのある子を育てるため」の手段として、障害のある子が教材になってはいけない、とも考えている。

5　補足：全校たて割り活動と兄弟学級

・「全校たて割り活動」は、全校集団づくりをめざす活動
・学級集団の単位を崩さずに、お互いが兄弟として新たな集団を形作り活動した
・全校たて割り活動は、民主的な教職員集団づくり、学校づくりの場
　「H小の子どもたちには、H小の全職員で責任をもって見て、育てていく」
・たけのこ学級の子どもたちもH小の児童の一員として活動し、障害児学級も校内に根を張る
・その活動のねらいの中に通常学級と障害児学級との共通課題が多く含まれる
・子どもたちを見る目の一致点があった
・共同教育をめざしていく時の前提条件を見出す意義深いことであった。

6　たけのこ学級　開級10周年記念文集

『たけのこ学級　開級10周年記念文集』には、特筆すべきことが、二つある。

一つは、「わが子のおいたちと私の願い」だ。

これは、障害への科学的な認識を深めるための授業を行うにあたって、6年生の児童に向けて、お母さんたちが書いてくださった文章をまとめたものである。わが子を授かった時の喜び、障害があると分かった苦悩、そして、いま、思うことや願いが書かれている。思い出すのが苦しくて、毎晩、泣きながら綴ったという思いのこもった貴重なもの。永く残しておきたいと文集に掲載させてもらった。

もう一つは、先生方のページだ。当初は、兄弟学級の先生方に執筆を依頼しようと計画していたが、文集をつくることを聞きつけて、「私も書かせて」「私も書きたいな」と書き手が増え、事務室の先生から、とうとう校長先生までが原稿を寄せて、まるで「卒業文集」のようになった。

あの「土砂降りの入学式」から10年。たけのこ学級の子どもたちの、ゆっくりとしたペースであっても、着実に力をつけていく姿が、たけのこ学級を取り巻く人々をかえてきた。また、全校たて割り活動の蓄積も大きな影響を及ぼした。たくさんの保護者のみなさん・先生方に育まれてきた「たけのこ学級」の一つの到達点が詰まった文集になった。

7　私のあゆみと全障研

・一人ひとりの課題や目標を踏まえながら共通の題材を用意し、みんなで学びあう
・「何かができるようになる」だけでなく難しそうに思えた課題にも立ち向かう力
・学級集団の中で育んできた力を外に向けて発揮していく。外に出て新たに獲得した力を、再び学級の中で太らせていく
・全障研大会「共同教育分科会」での学び「わかった！」「そうだったのか！」と跳びあがりたくなる発見と学び。「実践から理論へ、理論から実践へ」のことばを実感する
・全国の実践に学び、目の前の子どもたちに返していく。その過程で発見したこと等を埼玉の仲間たちや全国の仲間たちに報告し、厳しく検討してもらう
・私の実践のあゆみは、その繰り返しの中にあった

8　鍋の中を見よ

料理研究家　枝元なほみさんの言葉

＊インターネットで調べればいくらでも料理の方法が出てきますが、方法よりも、なぜ食が大切なのかという、おおもとのところに立ち返って考えることの方が大事。
＊おなかがすくこと、食べること＝生きたい、生きること。だから、料理は「心の栄養」。
＊マニュアルじゃない。素材を見ながら作るもの。
＊今の若い人たちはレシピがないと料理ができないと思うかもしれないけれど、何かを作ろうと思ったら、結局自分自身で素材と向き合うしかないんです。鍋の中を見て、もうちょっと煮るのか、ここで引き上げるのか、いつ塩を入れるのか…。必ずここだ！というタイミングがあるから、その時々にちゃんとその場にいて、見極めて決めていく。それが大事なんじゃないかな。

「料理」を「教育」に置き換えると…。

さぁ、あなたはどんな料理をつくりますか？
どんな子どもたちと出会い、どんな実践を紡いだのか。是非、聞かせてください。
今度は、あなたが語る番です。

学習講座 3

障害者権利条約
―― 総括所見を読み解く

佐藤久夫（日本社会事業大学名誉教授・日本障害者協議会理事）

【講師プロフィール】
佐藤久夫（さとう　ひさお）
1948年生まれ。東京大学医学部保健学科卒、同大学院医学系研究科保健福祉学課程修了、保健学博。1977年　日本社会事業大学講師、助教授を経て1992年教授。2013年定年退職。2010年から2012年まで内閣府・厚労省の障がい者制度改革推進会議総合福祉部会部会長を務める。現在、日本障害者協議会（JD）理事。

著書：『障害構造論入門』（1992年　青木書店）『障害者福祉論』（1998年　誠信書房）『共生社会を切り開く―障碍者福祉改革の羅針盤』（2015年　有斐閣）『障害者福祉の世界』（2016年　有斐閣）

1　障害者権利条約について

○障害者権利条約に至るまで
○障碍者分野の法体系　2014年から
○条約の構成

前文　経過・理念など
第1-4条　目的、一般的義務、原則
第5-30条　具体的権利
第31-33条　特定の義務（統計、国内実行など）
第34-50条　国連の役割、改廃手続き等
選択議定書　個別通報制度等（日本未加盟）

○第1条　目的

「この条約は、すべての障害者によるあらゆる人権及び基本的自由の完全かつ平等な享有を促進し、保護し、及び確保すること並びに障害者の固有の尊厳の尊重を促進することを目的とする」

障害者（persons with disabilities）とは、障壁（barriers）との相互作用によって平等な社会参加が困難になりえる機能障害（impairments）のある人

○条約が示す施策分野の広さ＜対象＞

○条約が示す基本的・横断的課題＜方法＞

2　総括所見について

○総括所見に至る経過
○総括所見（concluding observations）とは
○総括所見の構成
○国際監視サイクル
○日本の審査（国連ジュネーブ本部）
○日本への総括所見

3　総括所見の主な内容

○総括所見の主な内容

①日本の障碍者に関わる法・政策が父権主義的アプローチだと批判し、人権の主体と認める人権モデルに変えるよう勧告した。また障碍認定制度に関して医学モデルからの転換を求め、さらに国と社会全体に広がっている優生思想と闘うため、津久井やまゆり園事件の見直しを求めた。

②精神科医療の改革を5つの条項で勧告するなど、精神障碍者関連の改善勧告が異例に多い総括所見となった。そこには強制的な治療・入院・拘

束を認める法律の廃止、精神科病院における独立した監視制度の設立、「無期限の精神科入院をやめるため、全ケースを見直す」などが含まれる。

③権利擁護、苦情解決、救済制度の設立・強化が求められた。とくに、国内で救済されない場合に国連に訴える個人通報を可能にする選択議定書の批准と、パリ原則を遵守した国内人権機関の設立が勧告された。個別分野でも、利用しやすい申し立て・救済の仕組みの設置が、5条（差別禁止）、15条（拷問等）、16条（暴力・虐待）などで勧告された。

④「障碍者専用の場」の廃止を目指すことが19条（自立生活と地域社会への包摂）、24条（教育）、27条（労働と雇用）で求められた。

そのほか、障碍者（団体）の政策決定への参加、全生活分野での障碍者統計、手話言語の公用語認定、障碍年金の改善、選挙へのアクセスの改善、支援付き意思決定支援の制度化、障碍児の意見表明権とそのための援助、通勤・通学時の移動支援サービスなども。

○政府の建設的対話でのスタンスは

4 「障碍者専用の場」（生活の場、教育、就労）をめぐって

○総括所見は「障碍者専用の場」の廃止を求めた

19条（自立生活と地域社会への包摂）では

障害者および障害児の施設収容の永続化が、家庭・地域生活を奪っている。施設収容の廃止に向け、予算を施設から地域に振り向け、迅速な措置をとる。

24条（教育）では

医学的評価に基づき、特別支援学校が永続し、通常の学級に障碍児が参加できないことを懸念。また特別支援学級の存在も懸念。分離された特別教育の廃止を目的に、法改正によりインクルーシブ教育の権利を認めること。

27条（労働と雇用）では

保護作業所から開かれた労働市場への移行を加速し、インクルーシブな労働環境での同一労働同一賃金を。

○事実はどうか

入所施設や精神科長期入院はほとんど減っていない。精神科医療では、OECD38カ国の精神科病床の37％が日本にあり、非自発的入院が増加し、身体拘束は急増している。

2021年までの10年間に義務教育段階の児童生徒数の全体は1割減少する中で、特別支援教育を受ける児童生徒数（特別支援学校、特別支援学級、通級による指導の合計）は2倍となっている。

福祉的就労とよばれる就労継続支援A型とB型の利用者の合計は2008年に約4.5万人、11年に13.4万人、16年に26.7万人、21年に36.8万人（各年4月）。2021年までの10年間で3倍近くに増えている。

○日本政府の自覚はどうか

日本政府は建設的対話で、障碍福祉サービスの予算をこの15年間で3倍に増やし地域サービスを充実させてきた、日本ではグループホームは街の中に作らなければならない、施設の中や外でお花見を楽しむ入所者もいる、また精神科医療の改革にも取り組んでいる、などと答えた。

教育については、事前質問事項への回答で「連続性のある多様な学びの場の整備を行っている」とし、「同時に、共に学ぶ機会である交流・共同学習の拡充や通常学級の障害のある生徒のための特別支援教育支援員の増員など努めている」とした。

雇用については、事前質問への回答などで、福祉的就労から一般就労への移行者は2003年度から2017年度の間に11.5倍に増えたこと、2013年の障害者雇用促進法改正で雇用差別の禁止や合理的配慮の提供を規定したこと、などを答えていた。

このため、権利委員会は、日本の自己評価は「満点とは言えないが合格点」だと、判断したと思われる。

○強い、明確な勧告が必要と判断した

こうして、総括所見が「ゆるい」勧告にとどまれば、明らかに響かなく、逆に政府は、「まあまあ肯定的に評価された」と受け止めかねない。より強く明確な（都合のよい「誤解」を与えない）伝え方が必要と委員会は考えたのであろう。

さらに委員会は、「主流」を包摂的にした後で「特別」を廃止するように、とは言えない。国連は特

別な場を（当分の間）認めたと（都合よく）解釈するおそれがあるから。

こうして、懸念事項と勧告事項の最初の項目で、条約に逆行する事態であることを明記し、「専用の場」の廃止を目指す取り組みを始めるよう勧告した。

しかし、委員会が、「主流」への参加の目途もないまま「特別」を廃止すべき、と考えるはずはない。

委員会は南アフリカへの総括所見（2018）で、2016年にハウテン州で起きた「エシディメニの悲劇」（Life Esidimeni Tragedy）を注意し、地域での支援サービスを含め、よく準備した計画的な脱施設化を勧告していた。

○総括所見をどう活かすか

まず、これらの勧告を専用の場への予算削減に利用すべきでないことは言うまでもない。通常の場が明日からインクルーシブになり喜んで選べるようになるならまだしも、その前に障碍福祉サービスを利用しにくくすれば、福祉的就労からテレビ相手の生活への転換や老障介護の限界による無理心中が増えることは、障害者自立支援法制定当時に見たとおりである。

専用の場の充実・改善は現に生きている数十万人の障碍者の今日のニーズである。条約が目指す理念に合わないとして犠牲にすることは許されない。

しかし当然のことながら、条約が示す本道はすべての障碍者が参加できるインクルーシブな社会の実現であり、総括所見を歴史的な政策転換の契機として生かすべきである。

例えば教育では、政府が考えるインクルーシブ教育の推進とは通常学級に配置する支援員の増員程度にとどまっている。画一的な教育課程の見直しや学級定員の縮小、原則として地元の小中学校を就学先とすることなどを含む抜本改革が必要である。

雇用分野でも雇用率・納付金制度および差別禁止の2つのアプローチによる企業依存政策から次の段階に移る必要がある。

公共調達への障碍者雇用実績の組み込み、ジョブコーチ制度の充実を含む多様な支援付き雇用の採用、合理的配慮を含む障碍者雇用に関する相談・指導・監視の体制の整備、賃金補填制度の試行などに取り組むべきである。

○「フル」インクルージョンは現実的か？

同じ教室で同じ教育課程を学ばせるのはむしろ差別ではないか。合理的配慮で補助者をつければよいという話ではない。教育課程、学級定員、教員養成などの改革の必要がある。

地元の学校への就学を原則とし、本人・親の希望により障害児学校も選べる、というのが「障がい者制度改革推進会議」の第一次意見（2010）。

5　障碍の医学モデルから社会モデル・人権モデルへ

障碍の医学モデルは、障碍者の経験する日常生活や社会生活の支障（困難）の原因がもっぱら機能障碍にあるとみる。そこから自己責任・家族責任・自助の強調、弱者とみる父権主義、さらには生きる価値がないとする優生思想が生まれる。

障碍の社会モデルはこれに対抗し、困難の原因は社会のバリアにあるとし、これをなくして差別のない社会の形成を目指し、条約を生み出した。

障碍の人権モデルは、社会モデルを補強するもので、すべての人がもつ尊厳、人権、自由を障碍者も等しく持つとし、機能障碍は尊厳と権利に影響せず、（機能）障碍は人間の多様性の一部だとする。

6　条約から見た障碍者福祉の課題

○障害者の生活は前進してきた。それをもたらした「力」を今後も強めてゆくこと。

学習講座 4

『内面世界』に迫る
——共感を通して理解へ

鈴木宏哉（元茨城大学教授・全障研茨城支部）

【講師プロフィール】
鈴木宏哉（すずき　ひろや）
　1929年山形県生まれ。旧制山形高校卒業後、1957年に東京教育大学教育学部（特殊教育専攻）に編入、同大学院実験心理学修了。医博。茨城大学教授、長野大学教授などを歴任。
　2017年まで全障研茨城支部長、日本てんかん協会茨城県支部代表。

Ⅰ.「内面世界」になぜ関心を抱いたか？

○ 大学院の専攻
・実験心理学（生理心理学）
　　脳に関わる研究は、障害者問題研究を科学として確立するためには不可欠の領域と考えた。
○ 主な研究
・「ことば」の条件反射、定位反射(注意機能)
・脳と発達・障害。
・脳波、事象関連電位を指標。そのための解析法など。

　研究を通じて、常に念頭に持ち続けてきたのは、「心」をめぐる非科学的観念(とくに心理学に残る非科学性)をどう乗り越え、真実に接近するか、にこだわった。

Ⅱ 「内面世界」と脳の働き
（2）「生きる」ことと「内面世界」は不可分

○個々人にとって、生命活動にかかわる、あらゆる身体内外の情報の核心的部分を集約して「内面世界(小宇宙)」が形成され、その中心に「'生きている'という体験」が実感される。

○したがって、「生きる」ことと「内面世界」は不可分の関係にある。
　身体としての生命が始まったときから「内面世界」が形成され、
　身体としての生命が終わったときに、その「内面世界」は終わる。

Ⅰ.「内面世界」になぜ関心を抱いたか
○本講座の主旨

○「内面世界」をどのように理解するか。
○「内面世界」と関わるとはどういうことか。

　特に「自閉症スペクトラム障害」「重症心身障害」と関わって。

　関連テーマ
　○「脳とこころ」を、どう関係づけるか。
　○脳をめぐる新しい知見などをどう受け止めるか。

Ⅱ 「内面世界」と脳の働き
（3）「内面世界」を形成・保持する脳①

○ 脳の形成・発達(図参照)
　受精後3週目に入ると「3胚葉形成期」に
　外胚葉から神経組織へ(胎芽期)
　　外胚葉が管状になる(将来の脊髄と脳＝中枢神経系)
　　―その先端(脳胞)から脳の各部へ分化。
　胎生3カ月で脳の基本形態分が完成(胎児期へ)
　神経細胞(ニューロン)の増殖と神経結合(シナプス形成)の展開
　脳重量の急速な増大(胎児期から生後6年頃までに約80％到達)
　その間の要所要所で、障害発生のリスクがある。

Ⅱ 「内面世界」と脳の働き
（1）ここでの「内面世界」とは？①

○ 人それぞれが、「自分を取り巻く世界」と「自分」とをどう受け止めているか、その両者の総体
　　＝個々人が持っている自分の「全世界・全宇宙」いわば「小宇宙」
　　その中に自己を置く—自分自身の気持、どうしたいかなど(「自己」についての認識や志向)を含む。
○ 人それぞれの「外的世界」の認識と「自分自身」の認識とを統合。個々人の認識の総体。
○ 一人ひとりの「精神世界」。
○ 人格の中核。

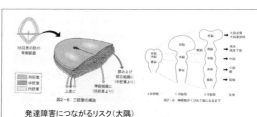

発達障害につながるリスク(大隅)
①ニューロンの産生　②ニューロンの配線　③シナプス形成
④実は重要なグリア細胞　⑤シナプスの刈りこみ　⑥ニューロンのバランス

Ⅱ　「内面世界」と脳の働き
（3）「内面世界」を形成・保持する脳②
○　脳の役割
　　脳＝中枢神経系　vs．末梢神経系
○脳は身体の一部器官
　　生命を支える諸器官の調整役
　　神経性調整　vs　体液性調整（内分泌、免疫）
　　　生命活動の「動的平衡」
　　　細胞レベルと全身レベルで（階層性あり）
○　身体内外の情報の集約
○　脳があるから人間があるのではない

Ⅲ「内面世界」のキーワード：「ことば」
（1）「内面世界」は何から成り立っているか？
①「内面世界」の要素—表象
　　○表象とは？：イメージ→観念→概念　の総称
　　　　具象（'直接体験するものごと'）から高次の抽象へ
　（例）①目の前にいる'ママ'→「うちの'ママ'」→「誰々ちゃんの'ママ'」
　　　　　→「'ママ'（たち）」
　　　　②「'また''やった'」似たような行為を繰り返し体験→同じ体験
　　　　　を思い出し確認「'また'（繰り返し）＋'やる'（行為）」

Ⅱ　「内面世界」と脳の働き
（5）「社会脳」をめぐって①
（以下、「社会脳」関連参考文献による）
○「心の働き」を実現する「脳」の研究
　　→「（意識の）神経相関」NCC＊の探求
　　　　＊（Neural Correlates(of Conciousness)）
○活動中の脳の画像解析の進歩
○「社会脳」の提唱と概念
　　用語「社会脳」—1980年代に提唱
　　「心の理論」(Baron-Cohen et.al,1985)によって関心高まる。
　　「社会認知に関わる脳内機構」(Brothers,1990)
　　関連領域との総合的な分野として広がる。
　　　発達心理学、認知科学、神経科学、社会学、教育学、
　　　情報科学など

Ⅲ「内面世界」のキーワード：「ことば」
（1）「内面世界」は何から成り立っているか？②
○抽象作用が進むとどうなるか？そのプラスとマイナス
　・「身辺の世界」の認識が深まる—「見た目」から「内実」「普遍」へ
　・他方で具体性の排除（捨象）によって一面化、実体離れ
　　⇒体感できる具体的な部分（イメージ）が次第にそぎ落とされる
　　　例：「うちのママ」→「母親」→「子を産む人」

脳ネットワークの階層性（苧坂による）

図4-6　脳のネットワーク階層
(Sporns, 2012 を改変)

Ⅲ「内面世界」のキーワード：「ことば」
（1）「内面世界」は何から成り立っているか？③
②それぞれの表象に「ことば」を'貼りつける'
　　「ことば」：音声言語に限らない。視覚的表現（身体運動など）
　　（補足参考）
　　　音声言語—発語運動（聴覚と同時に運動（身体）感覚＝自
　　　己受容感覚を伴う）
　　　手話—手、腕の運動（同時に身体感覚（自己受容感覚）を
　　　伴う）
　○表象と同時に「ことば」を再生→「内言化」

Ⅱ　「内面世界」と脳の働き
（5）「社会脳」をめぐって③
○脳内に各種の機能ネットワークシステムを想定
　　デフォルトモード・ネットワーク（DMN）
　　メンタライジング・ネットワーク（＝「心の理論」ネットワーク）
　　ミラーニューロン・ネットワーク
　　「社会脳」ネットワーク
○「共感」に関わる脳の検出（図参照）
　　「社会脳」として特定
　　（「共感」：「内面世界」の共有に必須）

Ⅲ「内面世界」のキーワード：「ことば」
（2）「内面世界」の定着と拡がり①
○「ことば」と、その意味する対象（表象）との結合の強化（確認）—記憶への定着
　　→内面化へ（発達における外言から内言への転化）

○自分自身の活動と表現（感情・欲求・意欲・記憶など＋行為、ことば）

○「自分」への気づき：「自己」の表象が形成される←「相手」を前提に
　　次第に拡がる「内面世界」の中で、とりわけ大きい区分ができる
　　「自分」と「相手（周りの世界）」へ2分化

○「ことば」を介して、他者との「相互理解」によって確かめ合い高次化←「抽象」と
　「具象」との往復を繰り返して、お互いの間で表象の共通性が確かめられる。

「他人ごと」「自分のこと」「両者に関わること」で、活性化する脳部位

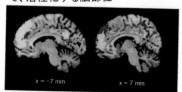

x ≈ -7 mm　　　x ≈ 7 mm

図6-1　自己参照課題のメタ分析（Denny ey al, 2012より）（本文 p.53）
他者帰属（赤）、自己帰属（緑）、および両方の帰属条件（黄）で活性化した領域（左
右がそれぞれ左半球と右半球）。

（苧坂・越野2019）

Ⅲ「内面世界」のキーワード：「ことば」
（2）「内面世界」の定着と拡がり②
○「ことば」にならない体験も
　　「イメージ」や「印象」、「素朴な観念」など一直接に体験した表象は「ことば」
　　の符号を伴わないままで記憶され「内面世界」に定着。
　　　それらは「内面世界」内に占める率は大きいのでは？
○「内面世界」の表出
　　・すべての行動は「内面世界」（前記の定義による）の現れ
　　・内面世界の総体とは、必ずしも同一ではない。
　　　シンボル化（「ことば」）が困難な表出（感情・欲求・意欲・記憶など）
○「内面世界」のキーワード：「ことば」
　　「ことば」は内面世界を開き交流する有力な「索引」（index）の役割

Ⅲ「内面世界」のキーワード：「ことば」

（3）「内面世界」をめぐる諸問題

○「意識」との関係
「意識」の多面性・多義性
・「反応する」「反応しない」（生命のサイン）レベル
・「覚醒・睡眠」のレベル
・「気づいている」「気づかない」（注意）レベル
・「そのつもり」「そのつもりはない」（意志）レベル
・「覚えている」「覚えていない」（記憶）レベル
○「考えていること」との関係
「記憶」「思考」「意志」「動機」など諸機能も協働して発動

Ⅳ「共感」を通した「内面世界の交流」

（3）重い障害を持つ人の「自己」の育ちと共感②

○「心の動き」―「快・不快」のサインを見逃さない
○かすかなサインから「共感」へ。
○共感をもとに「自己」を育てる
　＊子どもの「自己」と教育・保育者の「自己」の交流が土台
　　「協働」（共同の行為と共同の感受）を通して「共感」へ
　＊「内面世界」の交流によって、
　　　　他者（教育・保育者）の ' 内面世界 ' の自己 ' も変わる。
○かかわる大人たち自身が共感性を高める

Ⅳ　「共感」を通した「内面世界の交流」
（1）「他者の内面」への気づき①

○「自分」への気づきの発生（前章Ⅲ（2）参照）
　・「自己」形成は「他者」を前提
　　「他者」に気づいて、自己が成立―相対関係（対立と相同）
　・相手との交互作用（対向と協調）の循環→「共感」の基礎
○「他者」を「自己」にとりこむ（脳の機能としては―）
　・「ミラーニューロン」の発見―「社会脳」研究のきっかけ
【参考】ミラーニューロン：相手の動作を見たときに、同じ動作に関わる脳内ニューロンが発火。
　ミラーニューロン・ネットワーク：何らかの意図・目的を持った動作行為の模倣として
　　はたらく脳部位　（ブローカ野、下頭頂葉、上側頭溝などの協働）

Ⅳ「共感」を通した「内面世界の交流」

（3）重い障害を持つ人の「自己」の育ちと共感③

　○「内面世界」の交流そのものが人間の基本的欲求
　　・コミュニケーションは基本的人権（福島智）
　　・コミュニケーション手段を保障すること

　○「共感」できる教育システムの創造を

Ⅳ「共感」を通した「内面世界の交流」

（1）「他者」の内面への気づき②

○「社会脳」の研究から
　・「共感」に関わる脳の活動部位―島皮質（Insular Cortex（BA13~16）
　　　　　特にanteriorIC）と前帯状皮質ACCとの協働
　・「共感」＝情動面のmentalizing（＝「心の理論」）'相手はこう感じている'
○「共感」とは？
　・「自己」の帰属性―「自分の立場」から思う＝自分が関わる事態を想定
　　（「自分は・・・」「自分なら・・・」）
　・他人が思う「自分の立場」を、「自分の立場」におきかえられるか？

結び：「戦争前夜」を思わせる時機にあって①

○学術会議議員6名の任命拒否の意味するもの
　「安全保障3文書」（閣議決定）強行の '先触れ'
　「あれこれの制約を排して」軍備拡張に踏み込む
○戦争：「生命」抹殺が目的。
　障害者の生命と権利を守る営みとは根本から対立。
○日本国憲法：全世界の戦争犠牲者・障害者から授かった '世界
　　　　　　　遺産'

Ⅳ「共感」を通した「内面世界の交流」

（2）「共感」を通して「相互理解」へ

○「共感」の多層性があるのでは？
　・相手と同じ感情が起こる―「もらい泣き」
　・相手の感情が分かる―「そうね。分かるよ「当然だ」」
　・相手の感情が分かって、自己の感情が湧く―「もっともだ。私はこう
　　感じた」

○「相互理解」によって確かめ合い高次化
　①内面化された「抽象」と、体験される「具象」との往復を通して、他者と
　　の間で一致性、共通性を確かめる。
　②相手の認識・感情・意志などの総体としての「内面世界」の相互交流を
　　通して、「共感性」（連帯感）が深まる。

結び：「戦争前夜」を思わせる時機にあって②

○戦争をするときは、かならず理由をあげます。
　「相手が悪い、危ないやつだ」「相手が攻めてくるから」と。
　ただそれだけ。
○それがくせ者、その理屈にはまったらおしまいです。
　決してその理屈に巻き込まれないことが、いちばんのポイント。
○「戦争ではなく共同を」。これこそが障害のある人もない人も、
　生命をいとおしみ、生き続ける正道だと、心から思います。
○そのためにこそ、みんなの心と力を一つにしましょう。

Ⅳ「共感」を通した「内面世界の交流」

（3）重い障害を持つ人の「自己」の育ちと共感①

○子どもの内面世界を、自分の内面世界に取り込む姿勢
　「障害の重い子どものねがいを聴きとる」鈴木輝子さんの記録から
　「子どものねがいと教師の仕事―障害のある子どもと創る教育実践の記録」（全障研出版部）所収

　　・目、指のわずかな動きを見逃さない
　　・「精一杯生きている '思い'」をくみ取る
　　・「声掛け」とともにわずかな指の動きにあわせて共同動作
　　　　（その感触を実感しながら）
　　・「思い」につなぐ「協働」的な働きかけ
　　　　　　　　参考：故片桐和雄氏（金沢大）の「重症児の生理心理学的研究」
○「相互共感」から一歩、そして広がりへ
　　子どもの変化―周りの医療・保育者たちも変わる

参考文献

・大隅典子：『脳から見た自閉症』講談社ブルーバックス' 2016
・苧坂直行（ほか）：『社会脳から心を探る』日本学術協力財団、2020
・苧坂直行・越野英哉：『社会脳ネットワーク入門』2019
・黒田吉孝（ほか）：「特集　自閉症の社会的障害」。『障害者問題研究』34、4、2007
・鈴木輝子：ボク描きたい。『子どものねがいと教師のしごと』全障研出版部、2021
・鈴木宏哉：いわゆる「内面世界」と神経科学。『長野大学紀要』24、1、2002
・鈴木宏哉：身体の生と死。『今、生と死を考える』郷土出版社、2002
・鈴木宏哉：内面世界に迫る。『茨城研究ブックレット3』2014
・高谷清：『思い障害を生きるということ』岩波新書、2011
・日経サイエンス編集部：「脳と心の科学」。『別冊日経サイエンス』243,2021
・別府哲：『自閉症スペクトラム症児者の心の理解』全障研出版部、2019
・細渕富夫：『障害の重い子どもの発達と生活』全障研出版部、2020

第57回全国大会（オンライン2023）の成果と課題

全障研全国委員長　**越野和之**

はじめに

　第57回を数える2023年度の全障研全国大会は、開催地を設定せず、常任全国委員会と全国事務局の責任の下で開催する——この方向性を常任委員会から全国委員会に具体的に提案したのは、兵庫大会を目の前に控えた2021年度末（2022年3月）のことでした。COVID-19がいまだ猛威を振るっていたこの時期、「ポストコロナ」を見通すことは容易ではなく、そうした状況の下にあっても、障害のある人たちの発達と権利の保障をめざす自主的な研究運動を途絶えさせないという課題と、大会準備を単なるイベント準備に終わらせず、開催地での障害児者と家族、関係者をつなぐ取り組みとしていくという課題とを重ね合わせた時、2023年から2024年の2年間をかけて、新しい対面の大会を準備しよう、そのために、2023年度の大会は開催地を持たない完全オンラインで企画しようという提案でした。

　とはいえ、2023年大会においても新たに取り組むべき課題があります。50回以上にわたって積み重ねてきた全障研大会の値打ちは、なによりも、大会参加者が自由に持ち寄る実践や運動の報告（レポート）が、各分科会においてていねいに議論され、報告者も参加者も、それを次なる実践や運動に生かしていくというサイクルにあります。コロナ禍の下で開催された夏の集会（2020）および全国大会（2021、2022）においても、さまざまな工夫と努力を重ね、2021年度からは分科会を開催し、レポート討議も行ってきましたが、「自由にレポートが出せる」分科会は3年間開催できませんでした。全障研らしい分科会の再開を展望していくために2023年の分科会はどうするのか、という点で過去3年とは異なる新たな課題に取り組みました。

　障害のある人たちと家族を取り巻く情勢は厳しさを増し、私たちの研究運動が取り組むべき課題は多岐にわたる一方で、障害児者に関わる職場で働く人々の労働条件はより過酷になっています。大会は土日にしか開けない、土曜日ですら参加できない人も少なくないと言われるなかで、どのように必要な分科会を設定するか、この課題に応えるために、「土曜日は分科会が終わってから夕刻に開会全体会」という変則的な日程も採用しました。以下では、このようにして取り組んだ第57回大会の成果と課題を確認したいと思います。

全体会

　8月5日土曜日、夕方の16時から開会全体会は始まりました。この日の日中には、すでに11の分科会と2つのフォーラムが開催されており、そこでの報告や討議を終えてから「開会」全体会に参加した人も多かったと思います。ここでは、当日の日程とは異なりますが、全体会について先に述べます。

　開会前には、前回同様、各地のパブリックビューイング会場を中継し、オンラインであっても、各地でつながって参加している方々の声と笑顔を届けていただきました。主催者と来賓（新井たかね障全協会長）のあいさつに続き、河合隆平副委員長による大会基調報告では、各ライフステージにおける発達保障の課題を示し、困難の中に潜むねがいを深く捉えること、つながって学び合うこと、私たちの足元から平和と人権を展望することなどを訴えました。

　「発達のなかの煌めき——未来につなぐ私たちのねがい」と題した記念講演は、白石正久さんと白石恵理子さん。2022年度から続く『みんなのね

がい』での同名連載とも響き合いながら、障害の
ある人たちやその家族と永年にわたって寄り添い
ながら臨床と研究を進めてきた経験をもとに、障
害のある人たちの発達要求を捉えること、障害の
ある人とその家族のねがいに学ぶことなどの意味
が提起され、発達保障という考え方の今日的な意
義と課題について深く考えあいました。

分科会およびフォーラム

　今年度の分科会は、8月5日（土）に学齢期お
よび「ライフステージを貫く課題」を中心とした
11の分科会を開催し、翌6日（日）には乳幼児期
および成人期を中心に8つの分科会（分散会を含
めると10）を行いました。分科会の総数は19、前
年の兵庫大会よりも4つ増えた構成となりまし
た。また昨年度までの「分科会全体会」をフォー
ラムと名称変更するとともに、企画も増やしてライ
フステージごとの2つに「権利保障の今日的課
題」「実践を聴き、語る」というライフステージ
を超えたセッションも加え、4つのフォーラムを
設定しました。

　分科会のレポートは3段階にわたって募集また
は依頼しました。まず常任委員会とともに大会準
備委員会を構成した関東および甲信越ブロックの
10の全障研支部がレポーターを組織し、その後、
関東甲信越以外の全国の支部事務局を通してレポ
ートを募集、この2つのプロセスを経て準備され
たレポートの状況を踏まえつつ、各分科会の運営
者（司会者、共同研究者およびZoomのホスト担
当）が、必要に応じてさらなるレポーターの発掘
と依頼を行いました。オンライン開催という制約
もあり「参加者が自由にレポートを出せる」とい
う状況は完全には実現できませんでしたが、支部
事務局を通して寄せられたレポートも少なくな
く、結果として全国から58本（フォーラム含む）
のレポートを届けていただくことができました
（前年度は39本）。どのレポートも、障害のある
人々とその家族のねがいを知り、それにこたえる
実践や運動をつくりあげていくための貴重な努力
を表すレポートでした。

　各分科会の運営者は事前の打合せを、多くの場
合、複数回行ってレポートを読み込み、あるいは

補充のレポーターを依頼し、討論の柱などを検討
して分科会運営にあたりました。今回の分科会
は、午前・午後にわたる実質4時間、前回より1
時間ほど長く設定し、より充実した分科会討議を
行うことができました。

(1)　乳幼児期の実践

　前年度を踏襲して、実践の場は「保育所等およ
び専門施設」を合わせて討議することとし、障害
種別ごとに、(1)発達のおくれ、知的障害ほか、(2)
自閉スペクトラム症、発達障害、(3)肢体不自由・
重症児を設定しました。(1)と(2)はそれぞれ2つの
分散会を設けました。児童発達支援センターや同
事業所などからの療育の実践が6本、保育所から
の実践が1本（計7本）提出され、報告を受けた
討議では実践報告から学び合うとともに、Zoom
のチャット機能なども活用しながら、参加者の疑
問や悩みにこたえる意見交流も行われました。3
つの分科会の参加者数を合わせると220人あまり
となります。

　討議には、障害の違いなどを超えて共通の基調
を見てとることができます。障害による制約や過
敏さをもつ子どもたちの発達を保障する上で何よ
りも大切なのは、子どもたちに「安心」を保障す
ることであり、その「安心」は、子どもたちのさ
まざまな行動の背後にあるねがいを、保育者が探
り当てることによってこそ保障できること、障害
のある子どもの子育てに悩み戸惑う保護者にも
「安心」を届けていくことが大切なことなどで
す。子どものねがいを深くつかんでいくためにこ
そ、発達と障害を学ぶことも必要になります。一

方で、乳幼児期の療育に「契約制度」という名の市場原理が持ち込まれて10年以上が経過するなかで、健診・保育・療育の公的なネットワークが崩されているのではないかとの指摘もなされ、公的な責任において、障害の早期発見から行き届いた保育・療育へとつなげていくシステムを維持・発展させていく課題も論じられました。

⑵　学齢期の実践

　⑴通常学級（通級指導を含む）、⑵障害児学級・交流・共同教育は、前年度を踏襲、「障害児学校の実践」は、⑶幼稚部・小学部と⑷中学部・高等部に分け、⑸放課後保障と地域生活も合わせて5つの分科会を設けました。報告は計15本、参加者は学校教育関係の4つの分科会が計150人あまり、放課後は50名弱でした。

　学校教育に関わる分科会では、若手や中堅の実践者のていねいに書き込まれた実践報告が多数寄せられ、それをもとに実践上の原則や教訓が深く語り合われました。子どもの小さなつぶやきから障害を持って生きることの悲しみやつらさをくみとり、そのねがいに応えようとする通級指導の実践からは、そのための条件としての自校通級方式の大切さがわかります。特別支援学校高等部では機械的な作業学習や職業技能検定に抗して、学校教育ならではの労働教育のあり方を探る努力が討議されています。子どものねがいをつかみ、そのねがいに応える実践を創り出そうとする努力が、子どもの発達のみならず教師自身の力量形成を促すことを実感させる報告もありました。国連・障害者権利委員会からの総括所見の下で「権利とし

てのインクルーシブ教育」の創造に連なる交流と障害理解教育についても討議されました。

　放課後保障の分科会では、4本のレポートが寄せられ2つの分散会に分かれて討議しました。全国各地から実践が持ち寄られ、「遊び・生活を通して人間としての本当のねがいをくみとる」実践が多彩に交流されるとともに、職員の離職と入れ替わりが多いという困難も語られています。子どもを語り実践を語る実践者の主体形成が可能になるような制度改定が求められます。

⑶　青年期、成人期の実践

　前年と同じく、⑴学ぶ、楽しむ、文化活動、⑵働く場、⑶障害の重い人の生活と支援、⑷暮らしの場、⑸地域での生活と支援、の5つの分科会を設定、計12本の報告をもとに討議を進めました。参加者は120名あまりでした。

　各分科会での報告と討議を見ると、第一に障害を持ちながら人生を懸命に生きる当事者の報告に学ぶということ、障害の重い人たちや、高齢期を生きる人たちのねがいを探る取り組みが大切にされていることなどが共通の基調になっていることがわかります。また、2023年度の特徴として、「学ぶ」「働く」「暮らす」など、生活のそれぞれの局面を支える実践をテーマとしながらも、障害のある人たちの生活と発達を総体的に捉え、人間らしい生活を支援していくために何が必要か、という討論がなされていることも重要です。「働く場」の分科会では、「仕事以外の悩み」を聴き、語り合う居場所の大切さが討議されました。また、長期にわたって在宅生活を余儀なくされてきた人に関する報告が複数見られたことも特徴的です。さまざまな困難を抱えながらも、自分らしく、人間らしく生きたいというねがいを持ち続けてきた人たちと、そのねがいのありようを探りながら取り組んでいく実践の報告は、人間は何歳になっても発達するということへの確信を与えるとともに、そうした人たちを支えるための行き届いた制度の必要性を訴えています。

⑷　ライフステージを貫く実践と課題

　障害種別の課題を討議する分科会として、⑴重症心身障害、肢体不自由、⑵知的障害、⑶

ASD、発達障害の3分科会を新たに設定し、2022年度からの(4)障害のある人の性と生、(5)障害者運動、(6)親、きょうだい、家族の3つの分科会と合わせて分科会数は倍増、計15本のレポートをもとに討議がなされました。参加者は210名あまりでした。

長野大会（2019）以来の開催となった障害種別ごとの分科会では、それぞれの障害に即して、乳幼児期、学齢期、青年期、成人期に関わる参加者が集い、各ライフステージをつなぎながら子ども・仲間のねがいを探り、発達を保障していくための取り組みが交流されました。全障研大会ならではのこれらの分科会の再開が待ち望まれていたことが報告から見てとれます。

性と生の分科会では分厚い蓄積を背景にもった取り組みが報告されています。積み重ねられてきた集団思考の到達点と、素朴な悩みをもって参加した新しい参加者の課題意識をどうつなぐかが課題です。障害者運動の分科会では50年以上の長い歴史を持つ地域での障害者運動から2つの報告がなされました。親、きょうだい、家族の分科会にも地域サークルづくりの息の長い取り組みが報告されています。またきょうだいの立場からの成年後見制度に関する報告もありました。「家族ががんばらなくてもよい」社会をつくりたい、というねがいは、この国の障害者支援制度の深層に横たわる家族依存の問題を鋭く指摘するものでした。

(5)　フォーラム

「『インクルーシブな保育』を考える」では、保育所における障害児保育の重要性を踏まえつつ、児童発達支援センター・事業所と保育所との連携を「並行通園」の実践を切り口として討議しました。「学びの場の保障と教育環境」では、特別支援学校の過密課題解消や特別支援学級に関する文科省通知の影響、通級指導の現状など、行き届いた教育を実現するための制度上の論点に関わる報告と討議がなされています。

ライフステージを超えて設定された「実践を聴き、語る」では、『みんなのねがい』や『障害者問題研究』に掲載された実践記録をもとに、実践を語り綴ることの値打ちについて交流しました。

「権利保障の今日的課題」では強度行動障害といわれる状況の青年の育ちと家族の苦闘が報告され、またいわゆる「65歳問題」をめぐる千葉の天海訴訟の取り組みについても報告されました。さらにマイナンバーカード、優生訴訟、参政権保障などについても発言がありました。

実践を語り、綴ることを通して障害のある人たちや家族の願いを探り、それに応える実践を探求することと、権利侵害の事実を明らかにし、権利保障の視点にたって運動を組織することは、全障研運動の欠かせない柱です。そのことを改めて確認するフォーラムになりました。

学習講座

学習講座は、①「発達保障とは」（近藤直子さん）、②「子どもからはじまる教育」（池田江美子さん）、③「障害者権利条約　総括所見を読み解く」（佐藤久夫さん）、④「『内面世界』に迫る」（鈴木宏哉さん）の4講座を設け、オンデマンド方式で配信しました。動画の再生回数は1000回を超えています。充実した4本の講座を素材に、人間の発達とそれを実現する実践、障害者権利条約総括所見など、権利保障・発達保障運動の全面にわたる学習が各地でなされたものと思います。

まとめにかえて

「開催地をもたない大会」は50余年の全障研の歴史の中で初の試みでした。しかし実際には、常任委員とともに準備委員会に参加いただいた関東甲信越ブロックの10の支部のみなさんには「現地開催のつもりで」力を尽くしていただきました。オンラインで行った準備委員会の会議は2022年10月から12回を数えます。大会準備に当たっていただいたみなさん、また各分科会に参加し、レポートを寄せ、あるいはその運営に携わっていただいた全国のみなさんに心より感謝申し上げます。2024年度は、ぜひ奈良でお会いしましょう。

第57回全国大会の準備活動のまとめ

全障研第57回全国大会準備委員会

櫻井宏明・社浦宗隆・平松洋子・船橋秀彦・吉村邦造

関東ブロックがひとつになって

新型感染症流行の影響を受けて、第57回全国大会は全面オンライン方式の開催に向けて準備が進められました。また、全障研全国大会史上初の開催地を持たない大会となりました。そこで、全障研関東ブロック（茨城、神奈川、群馬、埼玉、千葉、東京、栃木、長野、新潟、山梨）を「準開催地」として、関東ブロック各支部・全障研常任全国委員会・次回開催地の奈良支部・全国事務局からなる準備委員会を発足し、大会準備にあたりました。

大会の成功に向けて、関東ブロックの各支部で、①プレ企画に取り組むこと、②分科会レポートを組織すること、③参加者を増やすことに取り組むことが確認されました。結果、14のプレ企画が行われ、全レポート（分科会、フォーラム）の半数近くが関東からのレポートとなり、大会参加者のおよそ3人に1人は関東からの参加者となりました。

プレ企画は、対面で集まるきっかけとなったり、これまで支部の中でつながりが弱かった分野の人たちにも声をかけ、つながるきっかけになったりしました。レポート組織では、報告者を決めるだけでなく、支部の中で検討会を開き、実践がより深められていきました。

準備委員会の会議に参加することが難しかった支部でも、大会案内チラシを支部の中で配布し、参加の呼びかけが積極的に取り組まれました。

また、準備委員会とは別にこの間2回の関東ブロック交流会が開かれました。2回目の交流会は全国事務局を会場に対面で行われ、それぞれの取り組みの報告と悩みも含めて活発に交流されました。このような準備活動を通して「私たちの大会」

という意識が高まっていったように思います。

大会当日も各地でパブリックビューイング会場が設けられ、集団での学びにつながりました。さらに、終了後には食事交流会やオンライン交流会が企画され、参加者同士の親睦が深められました。また、当日には集まれなかったけれども、大会終了後の見逃し配信を活用して全体会・記念講演を集まって見る会が開かれたり、レポート報告会などのポスト企画が行われるなど、それぞれの支部の実情に合わせた取り組みがされました。

全面オンラインでの開催、開催地のない大会というこれまでにない条件の中での大会となりましたが、それを逆手にとり、オンラインで距離的制約を乗り越え、関東ブロック各支部の特色や得手をいかした準備活動となったのではないでしょうか。そしてなにより、「つながる　つなぐ　#発達保障#みんなのねがい」という大会テーマの通り、一人ひとりがつながることで生まれる力を実感した全国大会となりました。この実感を次の第58回大会（奈良）につないでいくことができればと思います。

以下は各支部からの準備活動を振り返った報告です。

茨城支部

コロナ禍の下、茨城支部では地道にオンラインによるミニ学習会をしてきました。

大会準備委員会の結成以降、「支部としてできることはしよう！」と取り組みました。まずはミニ学習会をプレ企画に発展させました。2023年1月は支部で追究してきた優生保護法問題を、会員で民医連の加賀美さんに報告をお願いしました。2月は鈴木輝子さんに訪問教育の報告をお願い

し、埼玉支部の細渕富夫さんに講評いただきました。子どものわずかな動きを見落とさずに、子どもの内面に入るやわらかい声掛けやふれあいの指導で、子どもも親も看護師・医師も変わった事実に感動しました。3月は特別支援学校の過大過密や肢体不自由児教育の現状を保護者の中谷さん（支援学校）、小内さん（支援学級）が報告し、支部長の寺門宏倫さんが補足し、児嶋芳郎さん（立正大学）がコメントをしました。この親たちの運動は知事を動かし、大会直前に特別支援学校の新設というニュースが報道されました。

次に指定レポートづくりに取り組みました。フォーラムでは、親たちの特別支援学校新設運動の報告（竹中柳子さん）、分科会では訪問教育の実践（鈴木輝子さん）、支援学校中学部の実践（小林秀行さん）、福祉型専攻科シャンティつくばの実践（萩原君江さん）の3本を推薦しました。これらのレポートの発表練習を、学習講座の公開録画日にしました。

最も困難だったのは参加者組織です。常連の大会参加者の協力で周知し、最終的には顔が浮かぶ一人一人にお誘いのメールを出しました。結果、茨城からは33名の参加があり、特に親の参加と新規加入が励みとなりました。

学習講座で元支部長の鈴木宏哉さんが「内面に迫る――共感を通して理解へ」との講義をされたことは、支部の喜びでもありました。宏哉先生は講義の最後を「戦争に巻き込まれてはならない、

『相手が悪い、危ないやつだ』『相手が攻めてくるから』との理屈に決して巻き込まれてはならない。『戦争ではなく共同』こそが、障害のある人もない人も、生命をいとおしみ、生き続ける正道だ」と結ばれました。　　　　　　（船橋秀彦）

群馬支部

関係者のみなさん、第57回全国大会、お世話になりました。群馬支部では、結果としてこの大会に7名の参加、サテライト会場での全体会視聴など行うことができました。支部としては、ここ数年の状況を考えると、画期的ともいえる取り組みになったのではと思います。

今回の大会は、完全オンラインということでしたが、関東ブロックを中心に準備委員会がつくられました。群馬支部もその一翼を担うわけなのですが、支部事務局の私が、職場で痛い目にあい、病休状態となってしまいました。全障研に対する積極性も失い、準備委員会も欠席することになりました。オンラインなので、パソコンを開きさえすれば出席できるのですが、それがかえって負担、という感じでした。

そんな中、全国事務局から支部の会員へ準備委員会へ参加してもらえないかとはたらきかけがあり、積極的に参加してもらうことができました。大会の意義を受けとめてもらい、自身の行った保育研修会の場面で大会への参加を広く呼びかける

などの取り組みを、締め切りの直前まで進めてもらうことができました。

そうした中で新たな参加申し込みがありました。そして、その新たな参加者が自宅でのZoom視聴ができないということで、サテライト会場を設けるしかない、となりました。あわせて、病休で時間だけはたっぷりある私は積極的ではなかったのですが「支部会員名簿の整理でもするか」という気持ちになり、名簿整理の結果として、それまでしばらく休んでいた「全障研しんぶん」の発送を郵送ではないのですが、メールにて行うことができるようになりました。全障研しんぶんを添付することと合わせて、大会への参加呼びかけや決まったサテライト開催の情報を発信していきました。そうすると、自宅で参加するより楽しそう、という返事が送られてきました。

大会当日は、サテライト会場で、全体会を学ぶとともに、会員拡大にもつなげることができました。さらに、近くの店で夕食交流会を行い、たくさんの情報交換をして、心のつながりを深めることができました。小さい規模ではありましたが、「参加者拡大」「会員拡大」「意味のある学習」「心のつながる交流」といった全障研だからこその魅力がギュッとつまった大会にすることができたように思います。もしかしたら、参加ゼロにもなりかねない、今回の大会でしたが、いろいろな方向からの取り組みが絡み合って一つの結果を得ることができ、また支部の組織の基盤づくりにもつながったのではとかんがえます。

大会を終えた今、やわらかく支部を見守り、支えてくれたたくさんの「全障研のみなさん」に感謝したい気持ちでいるところです。　（吉村邦造）

山梨支部

第57回全国大会、山梨支部からはレポートを4本発表、参加者は30名、画期的な広がりとなりました。

「関東ブロックが中心になって①プレ企画の準備、②レポートの組織、③参加者を広げよう」と提案された時には正直途方に暮れましたが、まずは事務局で相談と、2月から月1回、乳児を抱えるお父さん事務局員が参加しやすい日曜の夜にフ

ァミレスで事務局会議を開きはじめ、事務局員の職場でレポートを組織すること、プレ企画として6月に佐藤比呂二さんの講演会開催を決めました。4月から講演会と大会、「発達診断セミナー」の参加呼びかけをセットにして、全障研会員はじめ、つながりのある放デイや児童発達支援センターの一覧を作って足を運び、また郵送して電話で紹介。教員へは教職員組合を通じて依頼、親御さんからも担任の先生へチラシをお願いしたりしました。

プレ企画の講演会参加は25名と目標の半分でしたが、久々の対面の講演会、書籍も少し売れ、感想も「また聞きたい！」と積極的なものが多く、とても元気が出ました。さらに「レポートを発表したい」と放デイの職員から申し出が。

レポートの支部検討会は4回、のべ21名が参加。事業所ぐるみの検討会もあり、参加者の広がりにつながり、山梨のレポートを聞きたいから大会に参加するという会員も生まれました。

当日はいくつかの会場で集まってのビューイングもありました。レポート発表者からは「発達段階と照らし合わせて考え紐解いていくという、ものすごいすばらしい気づきや学びができました。…来年もわくわくする実践をもって参加したい」。初参加者から「白石先生のお話とても良かったです（涙、ハート）」との声。

最近接領域の提示でぐんと伸びるのは、子どもたちだけではありません。私たち自身も励ましてくれる仲間とその機会があればキラキラと羽ばたける、それを今回まざまざと感じさせられました。今後レポート報告交流会と支部総会も実施予定です。　（平松洋子）

準備活動日誌

（1）大会準備委員会など（すべてオンライン開催）

2022年

7月8日　第1回分科会プロジェクトチーム（以下、PT）

7月17日　臨時常任全国委員会

8月7日　常任全国委員会

10月3日　第2回分科会PT

10月8-9日　常任全国委員会

10月31日　大会準備委員会四役会（1）

11月23日　関東ブロック交流会

11月23日　第1回大会準備委員会

11月28日　大会準備委員会四役会（2）

12月5日　第2回大会準備委員会

12月18-19日　常任全国委員会、支部長・事務局長会議、全国委員会

2023年

1月13日　大会準備委員会四役会（3）

1月16日　第3回大会準備委員会

2月6日　第4回大会準備委員会

2月24日　大会準備委員会四役会（4）

3月6日　第5回大会準備委員会

3月18日　常任全国委員会

3月19日　全国委員会

4月11日　第6回大会準備委員会

5月8日　第7回大会準備委員会

6月5日　第8回大会準備委員会

7月3日　第9回大会準備委員会

7月13日　第10回（臨時）大会準備委員会

7月29日　第11回大会準備委員会

10月2日　第12回大会準備委員会（総括）

（2）ブロック活動

1）関ブロ交流会など

2022年11月23日　関ブロ交流会（オンライン）

2023年6月17日　関ブロ学習会＋交流会（対面）

2）関東ブロック　プレ企画

2023年

1月26日　茨城支部「優生保護法問題（民医連の優生保護法の検証）」（講師：加須美里帆さん）

2月12日　長野支部「障害者権利条約（市立の特別支援学校の実践＋講演）」（講師：薗部英夫さん）

2月23日　千葉支部「社会福祉施設における虐待防止」（講師：後藤強さん）

2月23日　茨城支部「障害の重い子の教育」（実践報告：鈴木輝子さん、解説：細渕富夫さん）

4月23日　埼玉支部「障害のある子どもや仲間のココロ―競争社会に生きる苦難を考える―」（講師：三木裕和さん）

4月29日　千葉支部「障害者の尊厳と人権は守られるか！」（講師：纐纈建史さん、天海正克さん）

5月20日　長野支部「人間を大切にするしごと障害のある子どものココロを理解する」（講師：三木裕和さん）

6月3日　埼玉支部「わたしとあなた、そしてみんな」（講師：小渕隆司さん）

6月4日　山梨支部「出会いはタカラモノ　子どもから教えられたことばかり」（講師：佐藤比呂二さん）

6月4日　東京支部「性教育」（講師：日暮かえるさん）

6月18日　神奈川支部「国連障害者権利委員会の総括所見を深く知る～総括所見と私たちの生活・実践」（講師：薗部英夫さん）

7月22日　埼玉支部　麦の会サークル夏合宿（講師：三木裕和さん）

その他

・神奈川支部「神奈川保育講座（連続講座）」（講師：林美さん）

・新潟支部　県内4地域で対面小集会

3）大会当日のパブリックビューイング

・茨城支部　全体会／シャンティつくば

・群馬支部　全体会／全群馬教職員組合書記局

・千葉支部　フォーラムと全体会／船橋市勤労市民センター

・長野支部　全体会／長野県教育会館

次回開催地（奈良）よりアピール

　　奈良支部では来夏の第58回全国大会に向けて少しずつ準備を進めています。1986年（第19回）、2006年（第40回）に続き、3回目の全国大会開催になります。また、2020年からの「コロナ禍」以降、オンラインの全国大会が続きましたが、5年ぶりに対面での全国大会になります。

　　2023年5月末に「準備委員会発足集会」を開催し、その後、既に2回の「準備委員会」を開催しました。この間の専らの議題は、大会テーマについてでした。久しぶりの対面での大会、コロナ禍の経験を踏まえてどんな大会にしたいか、今の情勢をどう考えるか、どんな言葉を盛り込むか…といろいろと考えてきました。たくさん意見を出し合い、考え抜いた結果、『いざ、奈良。　みんなとねがう　いまと未来』というテーマになりました。テーマ設定の背景としては、①たくさんの人に奈良に集結してほしい、②コロナを発端として「つながること」「つなぐこと」を改めて大事にしよう、③

いまと未来

みんなで「今」と「未来」を語り合い、学び合える大会にしよう、という3つの視点を盛り込みました。

　世界情勢に目を向けると、ウクライナやイスラエルでの戦火が毎日伝えられ、平和な社会をつくる大切さが問われています。また、国内情勢では昨秋、国連の「障害者権利委員会」が日本政府に出した「総括所見」を十分に踏まえた施策を採ろうとしない政府の姿勢を厳しく追及しなければなりません。このように「今」は困難で厳しい情勢も散見しますが、今回の全国大会を通して「未来」への展望を語り合いたいと考えています。みなさんは「今」どんな課題や困難を抱えていますか？　そして、「未来」にどんな夢やねがいを持っていますか？　奈良での全国大会でぜひ、あなたが考える「今と未来」をたくさん語り合ってください。そしてみんなで学び合いましょう。たくさんの人が集い、「参加してよかった」と思える大会になるよう、準備を整えてお待ちしています。

第58回全国大会準備委員会　池田 翼・土橋知幸

協賛団体一覧

日本障害者協議会／障害者の生活と権利を守る全国連絡協議会／きょうされん／全国肢体障害者団体連絡協議会／全国手話通訳問題研究会／全国障害者とともに歩む兄弟姉妹の会／全国心臓病の子どもを守る会／全日本視覚障害者協議会／全日本ろうあ連盟／日本自閉症協会／日本知的障害者福祉協会／日本てんかん協会／人間発達研究所／公益財団法人ひかり協会

（順不同）

大会案内

編 集 後 記

リアルだから伝わるものがある。でも、出口の見えないコロナ禍の中、なんとしても「つながろう」と、北海道・旭川での2020年の全国大会は急遽オンライン集会に。翌年の静岡・浜松大会もオンライン。「久しぶりに話そうや」と兵庫で準備した夏、1日の感染者が東京で3.8万人超え。大会は神戸市内の会員が会場に集い、オンラインでつなげるハイブリッド配信に。そして2023年は開催地を持たないオンライン大会となった。

　東京・高田馬場にある事務所＝特設会場の舞台裏は、ミスは許されない配信に緊張感はハンパない。ネットはつながってるか？音声は届いてるか？手話は？文字情報は？

　そんな中、会場からの白石夫妻のリアルな記念講演は大いに励まされた。

　奈良は対面開催です。リアルで会えることを楽しみに。録画配信は準備します。　（薗部英夫）

はじめて私が全障研大会にかかわったのは、養護学校に就職した1年目の夏、埼玉で開催された第14回大会だった。全障研の「ぜ」の字もわからず、組合の職場分会に要請のあった速報係を職場の先輩の指導の下に担当した。

　その後、教員として在職している間に、第25回、第41回、第52回全国大会が埼玉で開催され、要員あるいは準備委員としてかかわった。開催地として大会を準備することは大変だが、支部活動の活発化、人と人との新たなつながりなどの「財産」が残る。

　今回は開催地をもたず、オンライン開催ということではあったが、関東ブロックの各支部が「準開催地」と位置づけて大奮闘し、成功に導いてくれた。今回の大会を通して、関東ブロックのそれぞれの支部に何らかの「財産」が残ったのではないかと思う。　（櫻井宏明）

開催地を定めない大会でしたが関東ブロックが準備委員会を担い、支部が分科会レポート組織に奮闘しました。工夫を重ねた4年にわたる全国大会をめぐる取り組みで難しかったのが、レポート組織と分科会運営です。分科会は生活や仕事の悩みを綴り、一人のねがいをみんなのねがいに束ねてゆく営みでもあります。抜きん出た取り組みから学ぶことはもちろん有意義です。でもそれだけでなく、分科会には、拙くても苦労しつつ取り組み誠実に事実と向き合ったレポート、言いよどみながらの全身での語り合い、それらを受けとめる中で生じる集団の渦、ともに育ち合う仲間づくりがありました。伝える技術を磨くことも大切ですが、語るべき真実がそこにあることが何より大切です。オンラインではどうもそこのところが難しいのです。一方で、現地に行きにくい人も参加できるオンラインの強みもあります。全国大会が発展し続けるように願って。

（梅垣美香）

今年は、出版部として全国大会を迎えました。ハリネズミ君とわんちゃんが出演する書籍販売CMは見ていただけたでしょうか。関西弁を話すわんちゃんの声を担当させていただきました。関西の先輩や仲間たちから「誰かすぐわかった！」と連絡をもらい、嬉しくもあり、恥ずかしい気持ちにもなりました。次回2024年の奈良で懐かしいメンバーと会うのが今から楽しみです。そして、出版部としては、本の宣伝もたくさんしなければ！と思っています。CMの第2弾、楽しみにしていてください。　（横山園佳）

みんなのねがい1月臨時増刊号（通巻698号）
　　　　　　2024年1月15日発行
編集責任者　塚田直也
発　行　人　越野和之
発　行　所　全国障害者問題研究会出版部
　　　　　　東京都新宿区西早稲田2－15－10
　　　　　　西早稲田関口ビル4F
　　　　　　電話　（03）5285－2601
　　　　　　FAX　（03）5285－2603
　　　　　　www.nginet.or.jp
印　刷　所　株式会社　光陽メディア